만주에서 길을 묻다

만주에서 길을 묻다

발행일	2025년 5월 27일
지은이	이진
펴낸이	손형국
펴낸곳	(주)북랩
편집인	선일영
편집	김현아, 배진용, 김다빈, 김부경
디자인	이현수, 김민하, 임진형, 안유경, 최성경
제작	박기성, 구성우, 이창영, 배상진
마케팅	김회란, 박진관
출판등록	2004. 12. 1(제2012-000051호)
주소	서울특별시 금천구 가산디지털 1로 168, 우림라이온스밸리 B동 B111호, B113~115호
홈페이지	www.book.co.kr
전화번호	(02)2026-5777
팩스	(02)3159-9637
ISBN	979-11-7224-622-8 03190(종이책) 979-11-7224-623-5 05190(전자책)

잘못된 책은 구입한 곳에서 교환해드립니다.
이 책은 저작권법에 따라 보호받는 저작물이므로 무단 전재와 복제를 금합니다.
이 책은 (주)북랩이 보유한 리코 장비로 인쇄되었습니다.

(주)북랩 성공출판의 파트너

북랩 홈페이지와 패밀리 사이트에서 다양한 출판 솔루션을 만나 보세요!

홈페이지 book.co.kr • 블로그 blog.naver.com/essaybook • 출판문의 text@book.co.kr

---

작가 연락처 문의 ▶ ask.book.co.kr

작가 연락처는 개인정보이므로 북랩에서 알려드릴 수 없습니다.

만주 항일무장투쟁 역사학교 **범도루트** 기행문

만주에서 길을 묻다

이 진 지음

북랩

서문

 올해 나이 60세다. 지금껏 살아온 인생을 요약한다. 평탄한 삶은 아니었다. 10대, 중학교 3학년 때 5·18민중항쟁이 일어났다. 뭔지 모르고 따라다니기도 했다. 초등학생이었던 막냇동생은 형이 가져다준 '보름달 빵과 코카콜라'가 5·18에 대한 강한 기억이다. 그때를 생각하면 죽을 고비를 두세 번은 넘긴 것 같다. 고등학교 때 흥사단아카데미 활동을 했다. 그 당시 흥사단은 반독재민주화 운동에 앞장선 것으로 기억하고 있다. 도산 안창호와 독립운동, 제국주의와 남북분단, 민주주의에 대해 어렴풋이 알게 됐다. 자연스럽게 5월 운동과 연결되면서 군인이나 경찰이 되고자 하는 꿈을 접었다. 20대는 학생운동의 시간이었다. 대학생활 동안 학업을 등한시했다. 사회과학이나 철학 서적을 읽고 토론하며 내 걱정보다는 나라 걱정에 시간을 보냈다. 남들보다 앞장서서 광주학살 진상규명과 조국의 자주, 민주, 통일을 위해 싸운다고 살았다. 그것이 인생의 모든 것인 줄 알았던 시절이다. 그 후 민주쟁취국민운동 광주전남본부에서 활동하기도 했다. 박정희 독재와 정면으로 승부했던 재야 선배들을 많이 알게 됐다. 민청학련, 남민전 출신의 선배들로부터 많은 것을 배우고 학습하는 시간이었다. 30대는 5월 운동의 기간이다. 서울에서 직장생활을 하기도 했지만, 다시 광주로 내려왔다. 5·18기념재단 초창기 때 6년 이상 일했다. 5·18민중항쟁의 진실에 대해 많이 공부했고, 5월 운동의 영웅들과 함께 5월 운동이 바로 서기를 염원했다. 40대에는 국회 별정공무원, '어공'이 됐다. 17대 국회의원 보좌관으로 공직에 입문했다. 이후 국회 정책연구위원, 민주당 중앙당에서 근무하기도 했다. 민주당 전남도당과 광주광역시당 사무처장을 거쳐 현재는 광주광역시의회 운영수석전문위원으로 근무 중이다. 2014년 임용장을 받았으니 광주광역시의회 어공이 된 지 10년이 넘었다. 지금은 나라 걱정도 하지만 가족 걱정이 앞선 소시민이다. 을사년 생이라 올해 연말 퇴직을 앞두고 있다.

40대에는 여의도에서 일했고, 50대엔 광주 상무지구에서 일한 셈이다. 여의도와 상무지구에서 하는 일이 입법기관을 보좌하는 일이라서 흡사한 것 같지만 국가와 지방의 차이만큼 역동성의 강도와 규모에서는 큰 차이가 있다. 2025년도 대한민국 정부 예산은 대략 677.4조 원이다. 그에 비해 광주광역시 예산은 정부 예산의 1.12%인 7조 6,043억 원이다. 규모의 차이가 모든 것을 말하는 것은 아니다. 정부는 큰 숲과 같다면 지방은 디테일의 미학이 있다. 시민과 근접한 정치, 생활정치의 현장이기 때문이다. 지방의회를 보좌하는 것도 민주화의 상징적 도시로서 그 활력을 감당해야 한다. 끊임없는 연찬이 필요하다. 개인적으로 국회의 경험을 지방의회에 접목하려 노력했다고 자부한다.

앞에서 언급한 어공에 관한 이야기다. 어공은 '어쩌다 공무원이 된 사람'을 일컫는 말이다. 필기시험 없이 공무원이 된 사람을 비아냥대는 단어이기도 하다. 어공은 능력이나 전문성보다 임명권자의 의중이나 정실에 따라 임명되는 경우 사회적으로 문제가 되기도 한다. 반면 늘 공무원이란 의미로 '늘공'이란 말도 있다. '국가나 지방자치단체가 실시하는 정례화된 시험을 통해 선발된 공무원'을 말한다. 늘공도 긍정적인 표현은 아니다. 한 번 시험 합격 후 '평생 복지부동, 복지안동' 하는 공무원에 대한 부정적 인식의 표출이다. 약 20년 동안 어공으로서 늘공을 지켜봤다. 대부분의 공무원은 매우 착실하고 직분에 충실했다. 묵묵히 자신의 일을 완수하는 공무원들이 있어 한국 사회가 안정적으로 유지되고 있다고 생각한다.

작년 봄, 친구들의 소개로 방현석의 장편소설 『범도』를 읽었고, 작년 여름 항일무장독립투쟁학교 '범도루트'에 참여했다. 우연한 기회에 만주에서 여름휴가를 보냈다. 그 넓은 만주벌판은 무지의 세계였고 죽음의 지층 속으로 사라진 인물들의 땅이었다. 버스로 이동하는 동안 방현석의 열정적인 강의에 감동했고, 무장독립전쟁의 현장을 확인하는 동안 선열들께 죄송한 마음이었다. 나름 지식인으로 살아왔다고 자부했는데 아는 게 아무것도 없는 초라한 인간이었다. 작년 여름의 5박 6일은 60년을 살아온 나에게는 잊을 수 없는 기억이다.

　광주로 돌아와서도 만주에서 느꼈던 감흥은 쉽게 잦아들지 않았다. 소설 『범도』를 다시 펼쳐 보기도 했고, 영웅들의 이야기를 찾아 도서관에 들러 보기도 했고, 여러 학술 논문을 찾아보기도 했다. 그러던 중 전남매일에 범도루트 기행문을 연재했다. 2024년 9월 말에 시작했는데 18주 동안 연재하다 보니 2025년 을사년이 됐다. 주변에서 연재 기사를 책으로 묶어보라고 하는 친구들이 있었다. 기념으로 소장하고 싶다는 친구도 있었다. 고민에 빠졌다. 발간할 수준도 아닐 뿐만 아니라 분량도 부족하다는 생각이 앞섰다. 퇴직을 앞둔 마당에 뭔가 남겨보자는 욕심이 생겼을까? 범도루트 기행문과 지난 10년 동안 언론 기고문 중 몇가지를 추려 묶으면 책이 될 수도 있겠다는 생각이 들었다. 결국 1부는 범도루트, 2부는 언론 기고문으로 구성해 발간하기로 마음먹었다.

　1부 '만주에서 여름휴가'는 범도루트 과정에서 방현석 작가의 강의와 현지 참배활동을 바탕으로 작성했다. 또한 각종 논문 및 서적, 주요 인터넷 사이트, 각종 언론 자료 등을 참고했다. 우리가 모르는 사이 수많은 학자의 연구와 노력이 있었으며, 만족할 만한 것은 아니지만 국가적 차원에서도 줄기찬 지원이 있었음을 확인할 수 있었다. 그리고 지명을 명확하게 특정하기 위해 가능한 범위 내에서 한자를 포함했다. 영웅들의 이름에 한자와 생년과 몰년이 표시되지 않은 것은 나의 능력으로는 찾을 수 없는 경우였다.

　2부 2014년~2024년 언론사 기고문 모음은 한국 정치의 과제나 지방의회의 방향성, 광주 현안에 관한 단견이다. 끄트머리에 '80년 5월 기억하기'를 담았다.

이 글을 쓰기까지 범도루트를 함께 했던 친구 윤만원, 이창권과 그의 딸 이자영에 감사의 말을 전한다. 범도루트 동지로서, 연재 기사의 독자로서 많은 힘을 보태주었기 때문이다. 마음속으로 응원하면서 격려의 말씀을 전해주었던 만주회 동지들에게 고마움을 전한다. 이 책이 만들어지기까지 원고를 미리 읽어주며 여러 가지 하자를 치유해 준 우리실 동지들 권성후, 조준민, 이승아, 김가현, 박장환에게 감사의 마음을 전하고 싶다. 전남매일 박간재 편집국장이 있어 글을 쓰게 됐고, 21세기 신독립운동의 선구자 방현석 작가님과 범도루트 5기 동지들이 계서 발간하게 됐음을 말하고 싶다. 마지막으로 인생의 반려자 장행남 여사와 아들 이동구, 며느리 김태연에게 고마움을 전한다.

목차

서문   005

제1부
만주滿洲에서 여름 휴가

1. '범도루트' 따라가기   016
2. 잊혀진 항일무장투쟁, 연길감옥항일투쟁기념비
 (延吉監獄抗日鬪爭紀念碑)   022
3. 잊혀진 항일무장투쟁, 탈취십오만원사건유지
 (奪取十五萬元事件遺址)   030
4. 항일무장독립전쟁의 기지는 한인 민족학교   040
5. 훈춘의 잊혀진 독립전쟁 영웅 '김숙경과 황병길'   047
6. 두만강을 바라보다. 훈춘(琿春) 방천(防川)의 용호각   055
7. 도문(圖門)의 두만강 국경공원과 일광산전망대   064

8. 수몰된 봉오동 전투 현장 072
9. 청산리 전투 중 가장 치열했던 어랑촌 전투 현장 080
10. 광복절에 오른 백두산 천지와 장백폭포 089
11. 간도일본총영사관(日本侵略 延邊 罪證館) 100
12. 연변지역의 변화와 윤동주 생가 109
13. 영원한 원칙주의자 군인 김학철 117
14. 안중근 참모중장 하얼빈 기념관(安重根 義士 紀念館) 126
15. 인민음악가 정율성 기념관(人民音樂家 鄭律成 紀念館) 137
16. 중국침략 일본군 731부대 죄증진열관
    (侵華日本軍第七三一部隊罪證陳列館) 147
17. 안중근, 신채호, 이회영이 살해당한 뤼순감옥(旅順監獄) 158
18. '범도루트' 기억하기 168

참고자료 180

2014년 ~ 2024년
| 언론사 기고문 모음 |

통합진보당 해산심판은 베니스위원회 기준에 따라야 한다	188
독도문제 해결을 위해 소프트파워 키워야	192
광주광역시의회 인사청문회는 통과의례가 아니다	196
광주로부터 출발한 아시아 인식공동체, 광주진료소의 과제	200
반사이익과 광주정치	204
희망과 미래의 5월을 준비하자	207
광주시민과 국민은 기본에 충실한 정당을 지지할 것이다	210
5.18전야제를 광주대표축제로 만들어야 한다	214
광주시장의 존재와 당위	218
정무특보에 대한 객관적이고 냉철한 평가가 있어야	221
광주트라우마센터 발전을 위한 제언	224
광주프린지페스티벌의 성공조건	227
'한국형 정당 경선의 틀' 만들어 가자	231
불쾌한 아침 출근길	235

더불어민주당부터 '광주형 일자리'를 실천해야	238
차기 시장은 몇 표를 얻을 수 있을까?	241
무등산 정상을 자유롭게 오를 수 있다면	245
광주광역시 예산 살펴보기	249
'결산검사'를 아시나요	253
대중교통 중심도시 광주를 위한 제언	257
인사청문회는 의회의 권한이다	261
쪽지예산의 이유 있는 항변	265

1980년 5월 기억하기 268

제1부

만주滿洲에서 여름 휴가

1.
'범도루트' 따라가기

선열들의 '무장독립전쟁' 프랑스 레지스탕스보다 위대했다

 2024년 여름휴가는 기억에 남을 것 같다. 수많은 무장독립전쟁 영웅들의 이야기와 함께 만주 벌판과 백두산 천지에서 휴가를 보냈기 때문이다. 지난해까지 여름휴가는 보통 도시여행이었다. 여러 도시를 다니면서 광주와 비교하기도 하고 뭔가 시사점을 찾아다녔었다. 이번 휴가는 친구의 추천으로 만주로 정했다. '항일무장투쟁역사학교'였다. 소설『범도』의 방현석 작가가 길잡이로 나섰다.

 범도루트의 '범도'는 세 가지 의미가 있다. 첫 번째 서일(徐一, 1881~1921), 홍범도(洪範圖, 1868~1943), 김좌진(金佐鎭, 1889~1930) 장군과 같은 무장독립전쟁 영웅들의 길, 두 번째 일제강점기, 피눈물로 살았던 보통사람(凡人)들의 길, 세 번째는 지금은 사라진 백두산 범(虎)들의 길을 의미한다. 그 길은 장대했다. 민중가요 '광야에서'의 '광활한 만주 벌판'을 한없이 느꼈다. 한편, 당시 선열들을 생각하면 아픔과 분노, 서러움과 눈물의 길이었다. 훈춘과 도문, 연길과 용정, 하얼빈, 그리고 대련과 뤼순까지 약 3천2백km의 장정이었다.

범도루트의 길잡이이자 장편소설 『범도』의 작가 방현석은 이렇게 주장한다. "한국의 독립은 수많은 무장독립전쟁을 통해 얻은 결과입니다. 우리는 수많은 무장독립전쟁 중 극히 일부만을 배웠습니다. 한국의 역사교육에서 그 전쟁을 지웠기 때문입니다. 우리 선열들의 무장독립전쟁은 1900년대 초 국내진공작전에서부터 1945년까지 무려 40년 이상 지속된 전쟁이었습니다. 참여자도 최대 수십만에 이를 것입니다. 서일의 대한군정서, 홍범도의 대한독립군, 김좌진의 북로군정서, 북간도에만 해도 40여 개의 단체가 활동했습니다. 서로군정서는 임시정부 산하 독립군 부대로 편제됐고 1919년 5월 신흥무관학교를 통해 무장독립전쟁을 준비했습니다"

그는 프랑스의 레지스탕스와 우리의 무장독립전쟁을 비교하면서 이렇게 말했다. "우리는 4~5년 동안 나치와 싸웠던 프랑스 레지스탕스를 기억하고 있습니다. 정말 위대한 투쟁입니다. 그러나 우리의 독립전쟁과 그들의 투쟁을 비교하면 우리의 독립전쟁이 훨씬 더 위대합니다. 그런데 레지스탕스는 기억하면서 우리의 무장독립전쟁을 왜 기억하지 못하는 것일까요? 여러분과 함께 '항일무장투쟁역사학교'를 통해 위대한 무장독립투쟁의 영웅들을 만나보기로 하겠습니다" '범도루트'는 이렇게 시작했다.

이 장정에 참여한 사람들의 직업은 다양했다. 대학 교수, 백두대간을 그려온 저명한 목판화가, 故 문익환 목사님 책을 전담했던 출판가, 영화 '부러진 화살'의 변호사, 전직 대기업 임원, 저명한 소설가와 작가 지망생, 시인, 문학평론가, 노동운동가, 전·현직교사, 마을 활동가, 치과의사, 영상의학 전문의, 공무원 등. 어떤 이는 자매간, 아들, 딸과 함께 참가했다. 귀한 여름휴가에 시간과 자금을 투자한 사람들이 이렇게나 많다니 '깜놀'이었다.

연길공항(延吉朝阳川国际机场)에 착륙을 앞두고 비행기 안 상황이 긴박하게 돌아갔다. 연길공항은 1952년 소형 군용 비행장으로 개항했다. 지금도 여전히 군사공항이다. 한국전쟁 당시 북한을 지원했던 중국 공군기지였다니 우리와는 악연이 있는 공항이다. 승무원들이 긴장된 표정으로 창문을 닫으라고 한다. 밖을 보거나 촬영하면 안 된다. 모든 등이 꺼지고 공간은 깜깜해졌다. 기내 방송에서는 "만약 위반이 있다면 관련 법규에 따라 처벌을 받을 것이니 손님 여러분의 협력 부탁합니다" 중국식 어법의 단호한 멘트가 반복적으로 흘러나왔다. 게다가 군사훈련 때문이란 이유 하나로 아무런 설명도 없이 1시간가량 연착되기도 했다. 머지않은 미래, 새로운 연길공항이 개항한다고 하니 그때는 달라지려니 생각했다.

공항에 도착했다. 공항 내에는 한국식 정자가 설치돼 있어 조선족자치주의 특성을 보여주고 있었다. 한편 '여러 민족이 단결진보하고 변강이 번영 안정된 소수민족자치주를 건설합시다'라는 큰 현수막이 걸려 있었다. 중국 땅에 왔다는 실감이 들었다. 공항 밖 광장이다. 공항 벽면엔 '연변농상은행' 전광판에서 여러 가지 광고를 내보내고 있었다.

범도루트 5기, 만주항일무장투쟁 역사학교 이동경로

연길공항

제1부 만주滿洲에서 여름 휴가　　019

범도루트 길잡이 장편소설 『범도』 작가 방현석 교수

만주 일주 2024년 8월13일~ 8월18일 (5박6일)

만주항일무장투쟁역사학교
범도루트 5기
길잡이 방현석 - 소설 <범도> 작가

일차	주제	세부일정
제1일차(8/13)화	● 항일무장투쟁의 아름다운 정신을 만나다	
출발		인천 14:35~ 연길 15:50 (CZ 6074)
연길 도문 훈춘		연길공항 - 연길대교 - 연길감옥 (예술극장) 봉오동 - 삼둔자전적지(일광산) - 두만강 철교 - 두만강국경공원 ● 홍범도와 안중근이 넘나든 국경도시 훈춘 황병길과 김숙경, 위대한 사랑과 투쟁의 도시 훈춘의 밤을 걷다 * 저녁 식사 - 도문 / 숙박 - 훈춘
제2일차(8/14)수	● 진격의 조중러 3국 국경에서 청산리 전투 전적지까지	
훈춘 방천 화룡 이도백하		훈춘 - 철혈광복단원들의 길을 따라가는 방천 - 조중러3국 전망대 용호각 정상에서 바라본 연해주와 북녘 홍범도와 독립군의 국내 진격로 김학철의 두만강과 김정구의 <눈물젖은 두만강> 북로군정서 총재 서일과 대종교 3종사 묘역 - 청산리 전투지 어랑촌 백두산 기슭 이도백하 * 숙박 - 이도백하
제3일차(8/15)목	● 민족의 영산 백두산에서 청년들의 도시 용정까지	
백두산 용정 (연길)		백두산 북파 - 천지 등정 - 장백폭포 혜란강 - 간도영사관 윤동주 솔무규 생가 - 명동학교 - 15만원 쟁취기념비 윤동주 솔무규 묘소 - 3.13기념비 부르하통하 강변산책 * 숙박 - 연길
제4일차(8/16)금	● 안중근의 도시 하얼빈을 가다	
(용정) 연길 하얼빈		연길 철혈광복단원들의 산실 창동중학교 사은기념비 "위대하도다, 스승의 은혜" 신화서점 연길역 - 하얼빈역 중앙대가 - 소피아 성당 백두산발원 송화강 - 유람선 승선 - 버드나무길 산책 * 숙박 - 하얼빈
제5일차(8/17)토	● 아름답고 단단한 비극의 역사	
하얼빈 대련 휘순		일본군 생체실험장 731부대 - 정률성기념관 안중근기념관 - 하얼빈역 안중근 최후의 길 남만주철도를 따라 대련으로 대련역 - 대련함(수상경찰서) - 휘순 * 숙박 - 휘순
제6일차(8/18)일	● 대련에서 최후를 마친 혁명가들이 꿈꾼 세상	
휘순 대련 인천		만주 땅끝에서 맞이하는 서해 일출 - 해뜨는 해변산책 휘순역 - 안중근과 안공근 안정근 3형제의 역 관동법원 - 항일투사들의 최후전투 재판투쟁 휘순감옥 - 안중근 장모중장과 신채호선생의 감옥투쟁 항일무장투쟁역사학교 <범도루트> 수료증 수여 대련공항 출발 14:05 인천공항 도착 16:15

* 특징: 소설 <범도>를 중심으로 한 만주의 자연과 항일무장투쟁 전적지 답사
* 참가자 특전: 항일무장투쟁 역사학교 자료집과 수료증,
  <범도루트> 특별 굿즈(범도부대 특임여단 군번줄, 범도일지 노트 등) 지급하며,
  <범도루트>에서 개최하는 국내기행과 사진전 등의 행사에 초대합니다.

범도루트 5기 상세일정표

2.
잊혀진 항일무장투쟁, 연길감옥항일투쟁기념비
(延吉監獄抗日鬪爭紀念碑)

바람 세찬 만주 들판, 감옥에 갇혀도 끓는 피 어찌 식으랴

1931년 여름 연길감옥에서 처절한 옥중투쟁이 전개되고 있었다. 1935년 6월 단옷날 탈옥투쟁이 성공할 때까지 가열찬 투쟁은 계속됐다. 동아일보는 1931년 연길 감옥의 전염병과 파옥투쟁을 알렸다. 몇 가지 기사를 살펴보겠다. 1931년 7월 8일, '연길감옥(延吉監獄)에 장질부사 창궐(腸窒扶斯猖獗)'이란 제목의 기사다.

"작년 5.30폭동사건 후 공산당 혐의로 검거된 이래 연길모범감옥(延吉模範監獄) 내에서 엄중한 취조를 받고 있는 자 외 일반죄수 오백여 명을 수용한 암흑철창에 장질부사가 침입하여 장질부사 환자가 40여 명이고 2명이 사망했다. 사망자는 동불사요구(銅拂寺要溝)에 거주하는 김철우(金哲宇)와 봉림동(鳳林洞) 리종렬(李鍾烈) 두 명이다. 위독환자도 대다수라 일반 수감된 자의 부모는 전염병인 만큼 보석하여 치료할 장소도 없고, 보석도 쉽게 할 수 없어서 불안증에 있다. 원인은 여름철에 수감한 감옥이 협착하고 불결한 관계인 듯하다고 한다"

1931년 7월 29일 자 '동아일보'는 슬픈 사연을 전했다. '延吉監獄에 전염병(傳染病)이 창궐(猖獗), 면회하려 갓섯든 안해가 시체(屍體)된 男便을 차저가'라는 제목이었다. 기사의 내용이다.

"연길심판청(延吉審判廳)에 구금되어 있는 죄수들 중에 급성 전염병이 만연되어 사망자가 속출한다. 지난 17일에도 화룡현 월신사(和龍縣 月新社)에서 오창묵(吳昌黙, 21)이 동전염으로 사망했다. 그는 3개월 전 공산당 용의자로 구금된 바, 일주일 동안 병석에서 물 한 모금을 못 먹고, 17일에 세상을 떠났다. 그 사실을 모르고 부모와 미망인은 음식을 가지고 심판청에 도착해 면회를 신청했으나 심판청에서 시체를 찾아가라고 하는 말에 그의 부모와 미망인은 너무도 기가 막혀 땅에 거꾸러져 세 시간이나 대성통곡했다. 그 현장에 참여한 사람은 누구를 물론하고 눈물을 흘리지 아니한 사람이 없었다"

1931년 9월 17일 자는 파옥투쟁을 전했다. '파옥계획(破獄計劃)의 탄로(綻露) 절식 중 삼 명 사망(絕食中三名死亡)'이란 기사다.

"연길감옥에 수감되어 있는 죄수 삼백여 명이 파옥하려다가 미연에 발각된 후 죄수들 면회를 일체 금지하는 동시에, 보석된 사람도 전부 수감시켰다. 보석되었다가 치료도 못 하고 도로 수감된 배창원(裵昌源,

29)은 지난 9일 암흑철창에서 무참히 사망하였다는데 죄명은 5.30폭동 혐의자라고 한다. 그리고 파옥계획사건의 주요 인물 오모 외 5명이 10일간 단식동맹을 하다가 지난 9일 오모 외 2명이 사망하였다는 말이 외부에 전해지고 있다"

연길감옥에서 순국한 선열들을 이루 헤아릴 수 없다. 그들은 살이 찢기고 손발톱이 뽑혀 나가면서도, 온갖 고문과 회유에 굴하지 않았다. 끝까지 조국을 버리지 않았다. 감옥에서 할 수 있는 유일한 항쟁은 신념을 지키는 일이었다. 연길감옥투쟁은 전혀 예외적인 항쟁이다.

연길감옥 옛터(현재 연변예술극장), 길림성 연변조선족 자치주 용정시 용정로 2755호에 위치하고 있다. 연길감옥은 무장독립전쟁 당시 중국 북동부에서 유일하게 탈옥에 성공한 곳이며, 중국 마지막 황후이자 만주국 황후인 완롱(婉容)이 41세의 나이로 병사한 곳이기도 하다.

'연길감옥항일투쟁기념비'에 참배하러 갔다. '연길감옥항일투쟁', 처음 접한 사건이었다. 1931년 일제가 만주사변을 일으켰다. 연길에 항일유격대가 조직됐다. 무명의 항일투사들이 사살되거나 체포됐다. 1930년대 초 1천 명이 넘는 항일투사들이 연길감옥에 투옥됐다. 이 중 중국공산당 왕청현(汪淸縣) 초대 서기 김훈(金勳, 1904~1934)은 감옥위원회를 조직하여 파옥투쟁을 계획했다. 김훈은 연길 명동촌의 가난한 농민가정 출신이다. 대성중학교와 영신중학교를 다녔다. 그곳에서 비밀혁명단체에서 활동했다. 1930년 5월 샤오황구(小荒沟), 산차커우(三岔口) 등에서 '적색 5월 투쟁'을 이끌었다. 1931년 12월 체포돼 연길감옥에 수감됐다. 김훈은 두 차례 파옥을 계획했지만 변절자에 의해 실패했다. 1934년 12월 16일 한겨울, 일본군은 부르하통하(布尔哈通河)에 다리(현재 연길대교)를 건립할 때, 김훈을 얼음판에 밀어 넣어 익사시켰다. 범도루트의 방현석은 연길대교를 건널 때 김훈의 죽음에 대해 목놓아 외쳤다.

김훈과 함께 활동했던 감옥위원회 간부들도 하나둘씩 죽임을 당했다. 엄혹한 상황에서 김훈의 뜻을 이은 이진(李進, 1906~1931)은 '연길감옥가(延吉監獄歌)'를 만들었다. 그는 처형장으로 걸어가는 동안에도 연길감옥가를 불렀다고 전해진다. 25세에 순절했다. 감옥 동지들은 7절까지 투쟁의 노래를 완성했다. 연길감옥가다.

바람 세찬 남북 만주 광막한 들에 붉은 기에 폭탄 차고 싸우던 몸이
연길 감옥 갇힌 뒤에 몸은 시들어도 혁명으로 끓는 피야 어찌 식으랴
간수놈의 볼멘소리 높아만 가고 때마다 먹는 밥은 수수밥이라
밤마다 새우잠에 그리운 꿈에 내 사람 여러 동지 안녕하신가
기다리던 면회기가 돌아오면 슬프도다 그물 속의 그의 얼굴이
희미하게 비치는 눈물뿐일세 간수놈이 가라 하니 서러운 눈물
금전에 눈 어둡고 권리에 목맨 군벌들과 추수뱅이 아편쟁이들
꿈속의 잡소리로 무리한 판결 청춘을 옥중에서 시들게 한다
너희는 짐승같은 강도놈이다 우리는 평화사회 찾는 혁명군

정의의 칼은 용서 없나니 정당히 판결하라 죄인이 누구냐를

팔다리에 족쇄 차고 자유 잃은 몸 너희놈들 호령에 굴복할소냐

오늘 비록 놈들에게 유린당하나 다음날엔 우리들이 사회의 주인

일제놈과 주구들아 안심 말아라 70만리 넓은 들에 적기 날리고

4억만의 항일 대중 돌격 소리에 열린다 감옥 문이 자유세계로

  1935년 6월 7일, 단옷날이었다. 김명주(金明柱, 1912~1969)를 비롯한 17명의 결사대는 파옥투쟁을 결행했다. 300여 명이 탈옥했다. 쫓고 쫓기는 과정에서 49명이 살아남았다. 그들은 안도현의 동북인민혁명군에 가담해 항일전쟁을 이어갔다. 김명주는 함경북도 농민 가문 출신이다. 부모님을 따라 연길로 왔다. 1930년대 농민회에 가입, 임대료와 이자 감면을 촉진하는 활동을 시작으로 공산주의 청년단에 가입했다. 그해 10월, 지주의 집과 곡식더미에 방화한 혐의로 징역 6년 형을 선고받아 연길감옥에 수감됐다. 김훈 등이 살해된 후 교도소 투쟁을 이끄는 책임자였다. 이후 항일연합군 제2군 제2사단(후에 제6사단으로 변경)에서 분대장과 소대장을 역임했다. 1937년 7월에 중국공산당에 입당했다. 이후 독립 제4사단 전투참모장, 연변 특별구 무장부 부장, 국가 민정부 부장, 국가 검사소 감독관을 역임했다. 1969년 8월 연길에서 병사했다.

  2000년 6월 김훈, 이진, 김명주 등 감옥위원회 후손들이 발의하고, 연변조선족자치주 인민정부가 후원해 '기념비'를 건립했다. 투쟁비의 측면에는 '金明柱 家屬 敬捐'이라고 쓰여 있다. 김명주의 부

인 서순옥과 딸 김진옥이 앞장섰다고 한다. 주변에는 투쟁에 참여했던 인물들을 설명하는 안내판도 있었고, 깔끔하게 조성된 공원에서 중국인들은 광장무를 즐기고 있었다. 안타까운 점이 있었다. 기념비의 뒷면이 모두 지워졌다. 과거 자료를 찾아봤다. 한글과 중문으로 사건에 대한 설명이 있었다. 기단 아래쪽엔 한글로 '연길감옥가' 새겨져 있었다. 어떤 연유로 지워졌는지 알 수 없다. 현재 중국의 소수민족정책을 보면 한글은 없애고 중국인의 항일역사로 채울 것 같다. 합리적 의심이 들었다.

이곳에 도착했을 때 누군가 한국말로 기념비를 설명하고 있었다. '만주로드'였다. 범도루트 참가자 중 퇴직교사가 있었는데 만주로드 운영자의 고등학교 담임선생님이었다. 좋은 스승과 훌륭한 제자의 만남을 보면서 '신대한의 독립군의 백만용사여! 조국의 부르심을 누가 아는가' 독립군가가 떠올랐다.

파옥투쟁비, 중국에서는 파옥(破獄)을 월옥(越獄)이라고 표현한다.

연길감옥항일투쟁비

연길감옥투쟁의 영웅 김훈이 수장당한 부르하통하강의 야경

3.
잊혀진 항일무장투쟁,
탈취십오만원사건유지
(奪取十五萬元事件遺址)

사과배가 우리 조선족과 닮았다고 생각합니다

 연변 사과배에 관한 에피소드다. 연길에서 연변식 냉면을 먹으러 가는 길이었다. 가이드 선생은 연변지역의 특산물 '사과배'를 소개했다. "선생님들, 혹시 사과배라는 과일을 들어본 적 있습니까? 모양이 사과 같기도 하고 배 같기도 해서 사과배라고 합니다. 사과처럼 생겼는데 먹으면 배 맛이고, 딸 때는 사과같이 불그레하나 저장하면 배처럼 노랗게 됩니다. 사과배는 연변 돌배나무에 함경도 북청 배나무를 접붙여서 탄생한 것입니다. 제 생각엔 사과배가 우리 조선족과 닮았다고 생각합니다. 저는 어렸을 적 '세상에서 가장 맛있는 과일은 사과배'라고 생각했습니다. 그런데 제가 한국에서 나주배를 먹은 적이 있었습니다. 사과배는 배도 아니었습니다. 얼마나 맛있던지 지금도 침이 고입니다. 그 뒤로 '배는 나주배가 최고'라고 말합니다. 연변에 오셨으니 사과배 맛도 보셔야지요. 연변 냉면에는 사과배가 올려져 있습니다. 맛있는 점심드시기 바랍니다."

범도루트 일행은 사과배가 올려져 있는 연변 냉면을 맛있게 먹었다. 연변냉면은 평양냉면과 함흥냉면이 혼합된 새로운 냉면이었다. 재미있는 것은 냉면에 국자처럼 큰 수저가 꽂혀 있었다. 냉면 국물에 자신이 있는 듯, 냉면 육수를 먹는 용도란다. 냉면을 먹는 도중 긴급한 목소리가 들렸다. "혹시 의사 선생님 어디 계신가요?" 누군가 사과배를 먹다가 기도가 막힌 사건이 발생했다. 우리 테이블에 광주에서 같이 간 윤만원 의사선생님이 있었다. 그가 있어 위기상황을 넘길 수 있었다. 하인리히 응급처치 덕분이었다.

150억 쟁취, 5천명 무장 소총·탄환 구입 직전 밀고로 체포

　국가보훈부는 2023년 7월 31일, '8월의 독립운동가'를 발표했다. "일제가 간도로 이송하던 15만 원을 탈취한 사건의 주역인 독립유공자, 윤준희(1963년 독립장), 임국정(1963년 독립장), 한상호(1963년 독립장), 김강(1995년 독립장) 선생을 선정했다"고 밝혔다. 한편 국가보훈부는 보도자료를 통해 "독립을 꿈꾼 청년들이 철저히 준비하고 실행한 '간도 15만 원 사건'은 일제의 간담을 서늘하게 한 쾌거였고, 이는 그 시대를 살아가던 독립군들의 독립전쟁이었다"고 밝혔다. 정부가 이 사건을 높이 평가하고 있음을 보여줬다.

　윤동주 생가로 가는 길, 용정촌 부근에 설치된 '탈취십오만원사건유지(奪取十五萬元事件遺址)'를 찾아갔다. 이 기념비는 1990년 룽징 3·13기념사업회가 주도해 세웠다. 지린성 연변조선족자치주 룽징시 지신진 승지촌 인근 도로다. 삼합(三合)과 백금(白金)으로 갈라지는 도로 입구(東良於口)다. 2009년 기념비로 올라가는 계단을 만들었고 용정시중점문물보호단위로 지정했다. 2017년 10월 용정시인민정부에서 '15만원탈취사건유적지' 표지석을 세웠다.

철혈광복단은 1911년 초 이동휘(李東輝, 1873~1935)가 조직한 광복단(光復團)과 러시아 지역에서 1917년 2월 혁명 이전 조직된 비밀결사인 철혈단(鐵血團)이 통합·조직된 단체다.

소설 『범도』의 작가 방현석은 "이 비석에서 '탈취'는 일제의 입장이다. 우리의 입장은 '쟁취'가 맞다. 일제가 우리 민족으로부터 강탈한 돈을 되찾은 것이기 때문"이라며 철혈광복단 투쟁의 정당성을 설명했다. 한편 이 사건은 이만희 감독이 만든 영화 '쇠사슬을 끊어라(1971)', 김지운 감독 작품 '놈놈놈(2008)'의 모티브였다고 알려져 있다.

1920년 1월 4일, 일화 15만 원을 운반하는 호송대가 함경북도 회령군에서 용정을 향해 출발했다. 그날 오후 간도 용정촌(龍井村) 부근, 승지촌과 동량리 어구에서 윤준희(尹俊熙, 1895~1921), 임국정(林國楨, 1896~1921), 한상호(韓相浩, 1900~1921), 최봉설(崔鳳卨, 1897~1973), 박웅세(朴世雄, 1897~?), 김준(金俊, 1900~1979) 등 6명이 거사를 일으켰다. 함경북도 회령과 중국 길림을 잇는 길회선(吉會線) 철도 부설 기금 15만 원을 쟁취한 것이다. 조선은행 용정출장소 행원이었던 전홍섭(全弘燮, 1890~1938)도 일조했다.

소설 『범도』의 작가 방현석은 전홍섭에 대해 이렇게 말했다. "전홍섭은 일제에 체포돼 모진 고문을 당했으나, 철혈광복단원의 무기 구입 시간을 벌어주기 위해 보름을 버텼다. 이런 '평범한 사람들의 비범한 길' 즉 '범도의 길'이 이 무장독립전쟁을 이어가게 했으며, 우리는 이러한 자랑찬 역사를 지니고 있다. 이 사건은 만주 동포들에게 청산리 대첩과 비견될 만한 뜻있는 역사"라고 강조했다.

15만 원을 현재가치로 따지면 150억 원 안팎으로 추정된다. 소총 5천 정과 탄환 50만 발을 구할 수 있는 자금이었다. 5천 명이 무장할 수 있었다. 만주 지역의 독립군 모두를 무장시키고 더 많은 부대를 추가로 조직할 수 있는 엄청난 거금이었다.

거사 직후 박웅세와 김준은 명동으로 돌아갔다. 일제에 체포되지 않았다. 단원 4명은 탈취한 자금을 대한국민의회의 선전부에 헌납하기로 하고, 1월 23일 블라디보스토크에 도착했다. 다음 날 대한국민의회 서기이자 철혈광복단 단장인 전일(全一, 1893~1938)을 만나 무기 구매, 사관학교 건립 등 구체적인 사용계획을 수립했다. 임국정은 러시아 군인과 거래하기로 합의했다. 소총 1,000자루, 탄약 100상자, 기관총 10문을 3만 2천 원에 구입하기로 했다. 안중근과 국내진공작전을 전개했던 엄인섭(嚴仁燮, 1875~1936)은 무기 밀매를 알선하는 척하면서 블라디보스토크 일본 총영사관에 밀고한 것으로 알려졌다.

1월 31일 새벽, 일제는 숙소를 포위하고 단원들을 급습했다. 윤준희, 임국정, 한상호는 격렬하게 저항했으나 생포됐다. 최봉설은 탈출했다. 6명 중 3명이 밀정 엄인섭의 밀고로 일제의 포로가 되고 말았다. 블라디보스토크에 정박 중인 일본 군함으로 압송돼 혹독한 고문을 당해야 했다. 함경북도 청진지청 1심에서 임국정과 윤준희는 사형, 한상호는 무기징역, 전홍섭은 징역 15년을 선고받았다. 2심인 경성복심법원과 3심인 경성고등법원은 세 명의 단원에게는 사형, 체포되지 않은 최봉설, 박웅세, 김준은 궐석재판으로 사형을 선고했다. 전홍섭은 징역 15년을 선고받았다. 결국 30세 윤준희, 27세 임국정, 22세 한상호는 1921년 8월 25일 서대문 형무소에서 산화했다.

국가보훈부에서 2023년 8월 독립운동가로 선정한 김강(金剛, ?~1920)은 평양 숭실학교 105인 사건으로, 1912년 만주로 망명했다. 하얼빈과 간도 등지에서 한인 청년들을 규합했다. 1919년 11월, 간도청년회를 조직했다. 일제는 간도청년회가 15만 원 사건과 연루된 것으로 간주했다. 김강은 도피 생활 중 1920년 11월 12일 연길현 태평구(太平溝) 용포동(龍浦洞) 부근에서 카노기병연대(加納騎兵聯隊)에 체포되어 연길현 동불사 북구(北溝)에서 피살 순국했다.

시간이 흘러 흘러 1934년 카자흐스탄 알마티, 15만 원 쟁취 사건에 참여했던 김준은 망각의 역사를 소설 속에서 복원했다.『십오만 원 사건』이란 장편소설을 출간했던 것이다. 그는 15만 원 쟁취 사건 당시 일제에 체포망을 벗어난 후 소련 영내에서 한인 독립운동을 지속적으로 전개했다. 1937년 러시아의 강제이주로 인해 카자

흐스탄에 정착하게 됐다. 최봉설도 '적기단'을 조직해 러시아 중국 등지에서 무장투쟁을 계속했으나 강제이주당했다. 쉼켄트에 정착해야만 했다. 김준은 최봉설과의 직접 인터뷰를 기반으로 소설을 썼다. 알마티에서 출판된 한글 소설은 당시 소련 특히 중앙아시아 지역의 한인 독자들에게 널리 알려졌다.

한겨울 만주벌판에서 15만 원을 쟁취했으나 동포의 배신으로 독립을 향한 꿈은 산산이 부서졌고, 더운 여름날 조국 앞에 꽃다운 청춘을 바쳤다. 이 탑은 15만 원을 쟁취한 그 지점에 설치됐다. 쉽게 찾아갈 수 있는 장소는 아니다. 누군가 돌보지 않으면 수풀 속에서 감춰질 듯했다. 20대 청년들이 목숨을 바쳐 싸웠던 유지를 받드는 방법이 무엇일까 많은 생각을 하게 만드는 공간이었다.

연길에서 1박했다. 호텔 근처에 연길대교가 있었다. 연길감옥투쟁의 영웅, 김훈을 생각하며 야밤에 부르하통하를 바라보며 연길대교를 건너보기도 했다. 파옥투쟁을 성공으로 이끈 김명주를 생각하며 연길 시내를 걸어보기도 했다. 감옥투쟁가를 지은 이진을 기리며 '임을 위한 행진곡'을 읊조리기도 했다. 연길의 거리는 고층 빌딩이 즐비했다. 빌딩 사이에 연길시 인민병원도 있다, 연길시 의료공동체 본원이란 표현이 이채로웠다. 어린이 도서관도 있다. 글씨가 적힌 적·녹색 신호등도 있다. 보통 도시와 같은 모양새다. 그러던 중 고층 빌딩 사이로 허름한 2층 벽돌집 하나를 찾았다. 과거 연길에는 이런 집이 많았던 기억이다. 20여 년 전이라면 좋은 집이었을 것이다. 공산당 간부급이 살았을 법하다. 지금은 철거 직전인 것 같았다. 그 집에 들어가고 싶어졌다. 마치 철혈광복단 단원들이 15만 원 쟁취 작전을 모의하고 있는 것 같았기 때문이다. 세상은 급변하고 역사는 뒤안길로 사라진다. 우리들의 몫이 무엇인지 점점 또렷해지고 있었다.

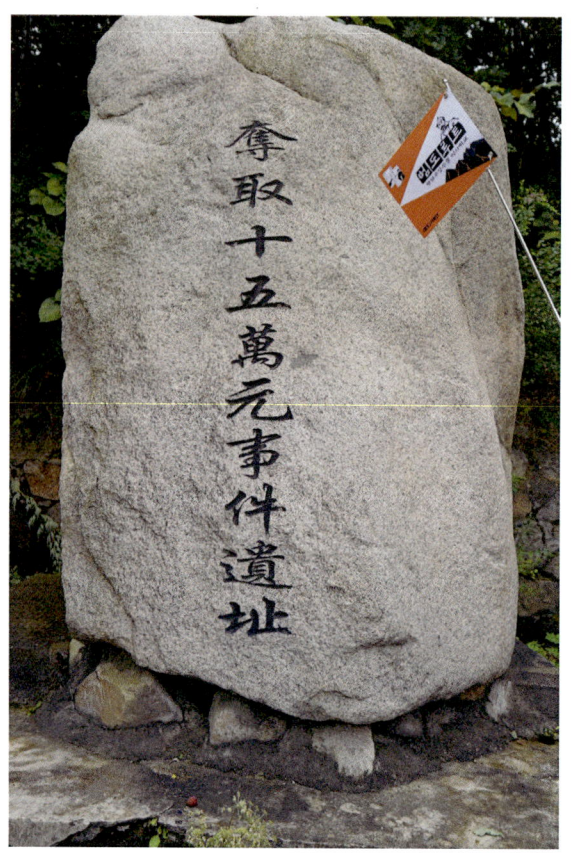

15만원 사건 유적지임을 알리는 기념비

누군가 돌보지 않으면 사라져버릴 것 같다.

연변냉면, 사과배가 고명으로 올려져 있고, 국자 크기의 수저가 특징이다.

'쟁취 15만원 사건 기념비'에서 범도루트 대원들

4.
항일무장독립전쟁의 기지는 한인 민족학교

교사·학생도 무장투쟁 준비, 근대적 민족교육·군사교육 병행

일제 강점 시기, 만주 각지에는 각종 한인 단체와 한인 민족학교, 군사무관학교가 설립됐다. 한인 민족학교는 반일 역량의 축적과 함께 독립전쟁 기지 건설의 기반으로 작동했다. 교육목표는 문무쌍전(文武雙全), '학문적 지식과 군사적 책략을 아울러 갖추자'였다. 근대적 민족교육과 군사교육을 동시에 실시했다.

한인 민족학교는 1919년 용정 3·13 만세운동을 통해 결집된 힘을 보여줬다. 명동학교, 영신학교, 정동학교 국자가도립학교, 광성학교 대표들이 만세운동에 참여할 방법을 논의했다. '3월 13일 낮 12시에 서전대야 들판으로 모이자'는 전갈을 전하는 데 앞장섰다. 은진중학교 지하실에서 독립선언서를 만들었다. 정동중학교와 명동학교 학생들은 악대를 앞세워 행진하며 만세운동을 알렸다. 은진중학교, 대성중학교, 동흥중학교 학생들도 속속 서전대야로 모여들었다. 이렇게 3·13 만세운동은 시작됐다.

한인 민족학교는 교사와 학생으로 충렬대, 맹호단, 결사대, 대한학생광복단, 철혈광복단 등 비밀결사단체를 조직했다. '충렬대'는 명동학교와 정동학교 교직원과 학생들로, 기관총까지 보유하고 있었다. 용정 3·13 만세운동에 대원 320명 전원이 참가했다. 단원 3명이 사망하기도 했다. 일제는 명동학교를 '불령단의 책원지', '불령단의 소굴'로 지목할 정도였다. '맹호단'도 명동학교와 정동학교를 주축으로 구성됐다. 일본관공서 방화, 친일 조선인 암살, 군자금 모집, 대한독립신보 간행 등을 수행했다. '결사대'는 명동학교 학생 100여 명으로 총기 120여 정을 보유했다. '대한학생광복단'은 영신학교와 명동학교 및 부근 학교를 주축으로 구성됐다. 국권 회복을 목적으로 군자금을 모금하거나 반일 격문을 배포했다. '쟁취15만원 사건'의 '철혈광복단'은 창동학교와 명동학교 출신들로 구성됐다. 또한 이들은 홍범도의 봉오동 전투, 김좌진의 청산리 전투의 무명 전사로 성장했고 북간도 무장독립전쟁을 이어갔다.

'창동중학 사은기념비(昌東中學 師恩記念碑)'를 찾아갔다. 창동학교는 1907년 연길 와룡동에 설립된 한인 민족학교다. 근대과학지식과 반일 민족의식 양성은 물론, 군사훈련과도 설치했다. 1914년 2월 26일 자 '신한민보'는 '창동학원은 학생 수가 140여 명에 달했고, 기숙사 15칸을 건축했다'고 보도했다. 1925년까지 창동학원 중학부 졸업생만도 200여 명이 훨씬 넘었다. 그 가운데 상당수가 졸업 후 왕청현 나자구(汪淸縣 羅子溝)의 대전학교(大甸學校)로 들어가 전문적인 군사훈련을 받은 뒤 독립군 간부로 성장했다.

1935년, 일본군이 학교를 점령했다. 군대를 주둔시키려고 하자 주민들이 학교를 불태워 버렸다. 자진 폐교를 택한 것이다. 그해 9월 주민들은 창동학교의 교사들과 졸업생들에 대한 추모와 감사의 마음을 표시하는 '사은기념비'를 세웠다.

사은비의 뒷면에는 '사립 창동중학 원장 오상근(吳祥根), 이병휘(李炳徽), 남성우(南性祐). 스승 신홍남, 김종만, 홍우만, 이진호, 김이택, 송창희, 서성권, 문경. 창동학원은 1907년에 창립됐다. 즉 우리 민족이 간도에 이주해 온 지 약 40년이 되는 때에 뜻있는 와룡의 여러 지사가 처음으로 소학교를 창립했는데 이는 본 학원의 기원이다. 3년 후 여러 교원이 협력하여 새로 중학부를 설치하고 고생을 마다하지 않고 온갖 심혈을 기울여 우리들을 교양했다. 위대하도다. 선생님들의 은혜, 아름다워라 창동이여, 이 원 출신인 200여 명은 그들의 은공을 잊지 못하여 비석을 세워 칭송하노라'라는 글귀가 있었다.

소설 『범도』의 작가 방현석은 사은기념비에 대해 설명했다. "이 비는 대단한 특징이 있습니다. 보통 비를 건립할 때 건립비용을 누가 냈는지, 졸업생 중 출세한 자가 누군지를 기록에 남깁니다. 오직 교장선생님 3분과 스승 8명의 이름만 있습니다. 독립운동에 몸바쳤던 교사와 학생들의 뜻을 담아 오직 위대한 스승의 은혜만을 담았습니다. 당시 교사들은 봉급이 없는 '입사리 교사'였습니다. 주민들로부터 숙식만 제공받았습니다. 말 그대로 입에 풀칠만 하면서 겨우 살았던 교사, 그들은 무장독립전쟁을 가르치는 교관이었습니다. 북간도지역의 대표적인 민족교육기관의 하나가 이곳입니다" 1921년 4월 7일 자 '신한민보'에는 '북간도 한인참상과 일본군병의 만행'이란 제목의 기사가 있다. '피소된 한인의 학교'에 명동학교, 정동중학교, 창동학교 등 모든 학교가 일제에 의해 침탈당한 것을 알 수 있다.

창동학교 설립자 중 한 명이자 교장인 마진(馬晉, 1867~1930)은 비밀결사조직 충렬대의 창설자다. 국내진공작전을 펼치려다 아들과 함께 피살당했다. 교사 정기선(鄭基善, 1894~1920)은 조선은행 회령지점 습격을 모의하다가 검거됐다. 얼굴 가죽이 벗겨지고 눈알이 뽑히는 고문으로 사망했다. 미망인이 시신을 인도하러 갔을 때 몰라볼 정도였다고 한다. '쟁취15만원사건'의 영웅들도 한인민족학교와 깊은 관계가 있다. 대장 윤준희는 용정촌 서전서숙(瑞甸書塾)에서 신학문을 수학했고, 영신학교 교원 출신이다. 임국정은 창동학교에 수학했고, 이동휘와 이종호(李鍾浩, 1887~1932) 등이 설립한 동림무관학교(東林武官學校) 출신이다. 한상호는 명동중학교를 졸업하고, 와룡소학교의 교원으로 재직했다. 최봉설도 창동학원의 소학과 중학을 졸업했다. 박웅세와 김준도 명동학교 출신이다. 한인들의 교육열은 입신양명만을 위한 길이 아니었다. 문무쌍전의 교육을 받았고, 목숨을 건 무장독립전쟁을 두려워하지 않았다. 그 역사 앞에 존경심이 벅차올랐다.

'창동중학 사은기념비'를 찾아가는 길, '쟁취15만원기념비'와 마찬가지 쉽게 찾아갈 수 없다. 버스로 이동한 기억을 더듬는다. 연길 도시의 끝자락에서 언덕을 바라보고 겨우 좌회전, 좁은 비포장도로를 타고 상당히 들어간다. 양로원(卧龙老年樂院)이 있었고 오른쪽 5시 방향, 언덕을 오른다. 1m 남짓되는 잡초 사이를 헤집고 들어가면 사은기념비를 만날 수 있다. 연길시 문화유물관리소에서 2003년 7월 24일 '사은기념비유적지'란 알림석을 세웠다. '비석을 중심으로 10메터 이내를 중점보호구역으로 한다'고 돼 있다. 연길시에서 관리하는 것은 맞다. 그러나 '아! 10메터라니' 연길시의 더 큰 관심이 필요하다. 국가보훈부에서도 사은기념비의 현실을 외면하면 안 된다. 한국식으로 개발된다면 사라질 가능성이 농후하다. 뭔가 대책이 있을까? 답답한 마음이었다.

사은기념비 뒷면

방현석 작가가 창동중학사은기념비에 대해 설명하고 있다.

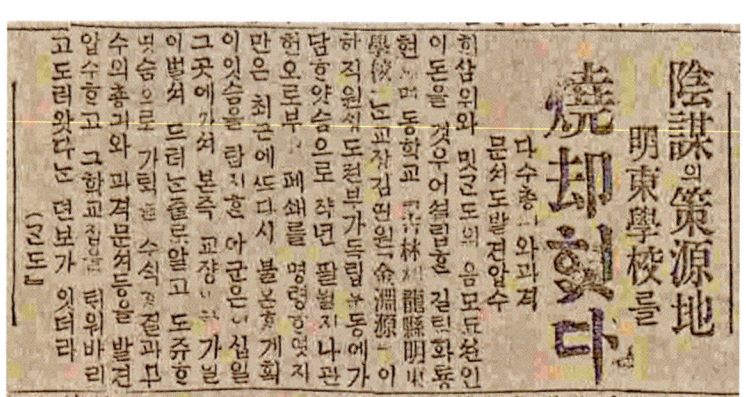

음모의 책원지(策源地) 명동학교를 소각했다,
다수 총기와 과격문서도 발견 압수 (매일신보 1920.10.26. 공훈전자자료관)

5.
훈춘의 잊혀진 독립전쟁 영웅
'김숙경과 황병길'

훈춘에 곱게 핀 무궁화 꽃 '김숙경'

이윤옥

젖먹이 어린 핏덩이 밀치고

남편 간 곳을 대라던 순사 놈들

끝내 다문 입

모진 고문으로도 열지 못했지.

구류 열흘 만에 돌아온 집엔

엄마 찾다 숨진 아기

차디찬 주검 위로

차마 떠나지 못한 영혼

고추잠자리 되어 맴돌았지.

활화산처럼 솟구치던 분노

두 주먹 불끈 쥐고

뛰어든 독립의 가시밭길

아들딸 남편 모두

그 땅에 묻었어도

항일의 깃발 놓지 않던 마흔네 해 삶

훈춘의 초가집 담장 위

한 송이 무궁화 꽃으로 피어났어라.

『서간도에 들꽃 피다 4』中

풍찬노숙 가족 독립운동가 '무궁화꽃으로 피어났어라'

김숙경(金淑卿, 1886~1930)은 황병길(黃炳吉, 1885~1920)의 배우자이자 동지다. 황병길이 독립전쟁에 참여하자 일제 경찰은 황병길을 잡기 위해 김숙경과 시부 황오섭을 고문했다. 갓난아이마저 잃었다. 고향을 등져야 했다. 남편 황병길은 여자도 배워야 한다면서 아내 김숙경에게 한글을 가르쳐 주었다. 얼마 안 돼 문서를 줄줄 읽어 낼 수 있었다. 김숙경은 1919년 만주의 훈춘에서 수천 명의 시위대를 조직하고, '훈춘애국부인회'를 만들었다. 부인회는 독립운동의 후원을 목적으로 조직됐다. 구체적으로 '여성교육의 향상, 여권신장의 도모, 전시 중 상이군인 치료와 구호, 군자금 모금' 등이었다. 회원들은 독립군을 후원하기 위해 은비녀와 은가락지, 옷감은 물론이고 자신의 머리채마저 잘랐다. 6천 루블을 모아 독립군에 전달했다. 그녀는 독립운동에 앞장서며 남녀평등을 주창했다. 문맹인 여성들을 위해 야학교를 열었으며, 때로는 연락병이었다. 3·1운동 당시 단상에 올라가 연설을 하기도 했다. 연설 실력이 뛰어나 구름같이 사람들이 몰려들었다. 여학생들의 시위를 주동하기도 했다. 그러나 1920년 6월 1일, 독립운동의 최전선에서 활약하던 남편이 35살로 순국했다. 김숙경도 그해 10월 만주 조선인학살 사건인 '경신참변' 때 잡혀가 갖은 고문을 당했다. 1930년 7월 27일, 경신참변 때 얻은 병으로 만주에서 숨을 거두었다. 그의 나이 44살이었다.

1920년대 만주, 한인 남편과 아들들은 무장독립전쟁에 참전했다. 배우자와 딸들은 후방에서 음식 제공, 세탁, 전투복 제작 등 맡았다. 든든한 지원부대였다. 1931년 9월 만주사변 이후에는 한인 여성들은 직접 참전하기도 했고 많은 희생을 치렀다. 중국 정부는 김숙경과 같은 이들을 '여전사'로 기억하고 있다. 여전사 중 대한민국의 서훈을 받은 몇 명의 이름만 소개하겠다. 북간도 여전사 김숙경, 장태화(張泰嬅, 1878~?), 김죽산(金竹山, 1891~?), 서간도 여전사 김우락(金宇洛, 1854~1933), 남자현(南慈賢, 1872~1933), 박신원(朴信元, 1872~1946), 윤희순(尹熙順, 1860~1935), 허은(許銀, 1909~1997). 특히 서간도 여전사 윤희순의 가족은 '가족부대'라고 불렸다. 요녕성(遼寧省) 무순(撫順) 한국독립단에 온 가족이 가입했다. "국권 회복은 모든 가정, 전 민족이 동원되어야 하고, 남을 가르치려면 내가 먼저 실력이 있어야 하며 내 집안부터 실행해야 한다"는 생각이었다. 가족부대는 통신 연락 업무, 군자금 활동, 정보수집, 사격훈련 등의 활동을 전개했다. 위대한 여전사들의 이름을 되뇌어본다.

황병길은 일제강점기 만주와 연해주에서 무장독립투쟁을 전개한 독립운동가이다. 가난했지만 독학으로 글을 깨쳤다. 유창한 중국어와 러시아어를 바탕으로 훈춘지역 지방관청에서 근무했다. 연해주를 오가면서 독립운동을 전개했다. 황병길은 기독교를 독립운동의 한 방략으로 삼았다. 특히 종교활동에 주력하면서 비밀결사 조직을 결성해 일제에 대항하고자 했다.

1905년 을사늑약이 체결되자 만주로 이주, 이범윤(李範允, 1856~1940)이 조직한 산포총대(山砲總隊)에 가입했다. 안중근(安重根, 1879~1910), 최재형(崔在亨, 1860~1920), 엄창섭과 함께 회령(會寧), 부령(富寧), 경성(鏡城), 온성(穩城) 등지에서 의병활동을 전개했다. 그는 국내진공작전 중 경원군(慶源郡) 신아산(新阿山) 주둔 일본군 14명을 혼자서 사살했다. '훈춘의 호랑이'란 별칭을 얻을 정도로 위용을 떨쳤다. 안중근, 백규삼(白圭三, 1873~1917) 등과 단지동맹(斷指同盟)을 통해 독립전쟁에 참전했다.

1917년 일제에 체포되기도 했다. 회유의 대상이 됐다. 경성시찰단장으로 경성을 방문해 하세가와 총독과의 만찬에 동원되기도 했다. 굴욕적이지만 인내하며 때를 기다렸다. 1919년 3·13 만세운동을 통해 훈춘지역 독립운동 대표로 복귀했다. 훈춘 대한국민의회를 설립했다. 3·1운동 이후에도 무장투쟁 노선을 견지했다. 임시정부 훈춘지방 검사장으로서 군자금을 모집하고 무기를 확보했다. 1919년, 만주에서 조직되었던 독립운동단체 '급진단(急進團)' 간부로 노령(露領, 연해주 지역으로 러시아령이란 뜻)에서 소총 1백 자루, 탄환 5천여 발, 군자금 85만 6천여 루블을 조달하기도 했다.

1920년, 독립군 1,300여 명을 무장시켜 군무장(軍務長)으로서 국내 공격을 지휘했다. 함경북도의 고건원(古乾原), 용당(龍堂), 경흥(慶興) 일대에서 일제 기관을 폭파하고 일본 밀정을 살해하는 등 일제에 압박을 가했다. 홍범도, 구춘선(具春先, 1860~1944), 이범윤 등 독립군 대표들과 만나 독립운동 단체의 통합방안을 논의하던 중 과로로 병석에 눕게 됐다. 황병길 사후, 일제는 안중근과의 단지동맹 유품을 찾기에 혈안이었다. 결국 황병길의 무덤까지 파헤치는 만행을 저지르기도 했다.

황병길은 김숙경에게 '숙경 씨'라고 불렀다. 그 당시 남편이 부인에게 '누구 씨'라고 부르는 것은 독특한 일이었다. 평등한 사회를 꿈꾸는 혁명동지의 사랑이 아닌가? 황병길이 죽는 순간 김숙경에게 단지동맹의 유품인 모젤 권총을 남겼다. 그 권총은 아들에게 전해졌다.

김숙경과 가족은 생의 마지막 순간까지 항일전선을 떠나지 않았다. 세 딸도 항일전선에 섰다. 둘째 딸 황정신은 '옌둥라쯔(煙筒拉子)항일유격대'에서 통신, 선전, 부녀 사업을 맡았다. 일제에 체포되어 고문을 받으면서도 혀를 깨물며 동료들을 보호했다. 이후 또다시 체포될 위기에 이르자 스스로 벼랑에서 뛰어내려 장렬한 최후를 맞았다. 황정신은 연변여성 독립전쟁영웅으로 기억되고 있다. 외아들 황정해도 14살에 '옌둥라쯔항일유격대'에서 아동단 단장으로 활약했다. 17살에는 동북인민혁명군 전사였다. 23살의 나이로 순국했다. 황병길과 그의 배우자 '숙경 씨' 그리고 가족들에겐 무장독립전쟁은 가족의 일이었다. 우리가 몰랐던 무장독립전쟁 역사는 미지의 역사로 존재했지만 널리 알려야 할 역사로 다가오고 있다.

詩 '훈춘에 곱게 핀 무궁화꽃 김숙경' 이 수록된 '서간도에 들꽃피다 4'

훈춘의 호랑이 황병길(공훈전자사료관)

무명지를 절단하여 피로 서약한 선언서, 수령 황병길 이하 11명.
기사 뒷부분에 안중근을 의사로 받들어 제사를 지낸 사람도 있다는 소식을 전하고 있음
(매일신보 1920.10.22. 공훈전자사료관)

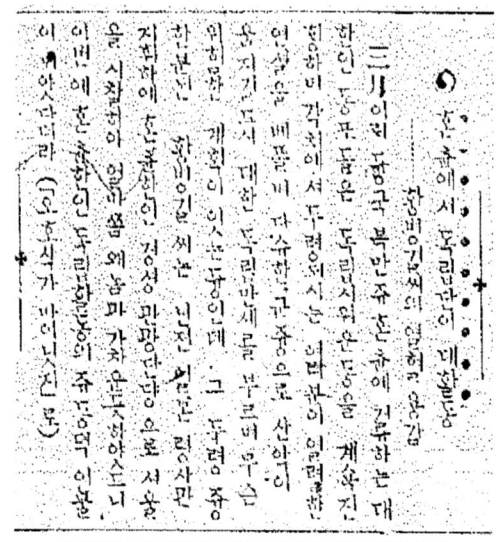

훈춘에서 독립단이 대활동 황병길씨의 열렬 용감
(신한민보 1919.06.17. 공훈전자사료관)

6.
두만강을 바라보다.
훈춘(琿春) 방천(防川)의 용호각

북-중-러 국경 맞닿은 두만강, 저 강 건너는 그날 빨리 왔으면

두만강으로 가는 길, 소설 『범도』의 방현석 작가의 강의가 시작됐다. '1949년 6월, 반민족행위특별조사위원회(이하 '반민특위') 강제 해산'에 관한 것이다. "프랑스는 나치 부역자를 철저하게 처단하고 단죄했습니다. 수십 년이 지나도 나치 부역자를 추적·검거하고 있습니다. 우리는 그것이 부럽습니다. 한국은 친일파와 일제 부역자를 처벌하기는커녕, 국가가 독립운동가들을 부정하고 무시하고 있습니다. 『반민족행위처벌법』은 정부 수립 후 1948년 9월 1일에 국회에서 의결했고, 이승만(李承晚, 1875~1965) 대통령이 공포했습니다"

그는 『반민족행위처벌법』을 설명했다. "법 원문을 살펴보겠습니다. '(제1조) 일본정부와 통모하여 한일합병에 적극 협력한 자, 한국의 주권을 침해하는 조약 또는 문서에 조인한 자와 모의한 자 (제2조) 일본정부로부터 작을 수한 자 또는 일본제국의회의 의원이 되었던 자 (제3조) 일본 치하 독립운동자나 그 가족을 악의로 살상 박해한 자 또는 이를 지휘한 자'에 대해 사형 또는 무기, 5년 이상 징역, 그리고 재산을 몰수하는 것입니다. 이 조항은 친일파의 매국 행각과 일제로부터 받은 이득 그리고 독립운동가에 대한 가해 사실을 명확하며 간략하게 설명하고 있습니다. 친일파들은 '반민특위는 빨갱이'라며 특위 활동을 방해했습니다. 일제강점기 독립운동가를 빨갱이로 몰아가던 못된 습관대로 색깔론을 들이댔습니다"

그는 이승만의 반민족적 행위에 대해 설명했다. "반민특위는 49년 1월 25일 친일고문악질 경찰 노덕술(盧德述, 1899~1968) 등을 체포했습니다. 이승만은, 그자가 체포된 3일 뒤 열린 국무회의에서 '노덕술은 치안기술자로 정부가 보증해서라도 풀려날 수 있기를 바란다'고 했습니다. 이승만은 김상덕(金尙德, 1891~1956) 반민특위 위원장에게 노덕술 등 친일 경찰들을 풀어달라고도 했습니다. 김 위원장은 거절했습니다. 이승만은 친일 경찰을 동원, 반민특위를 급습했습니다. 1949년 6월 6일, 반민특위의 실제적인 활동은 중단됐습니다. 우리 역사에서 가장 슬픈 날 중 하루입니다. 이후 친일반민족행위자에 대한 처벌이 불가능하게 됐습니다. 반민특위를 습격했던 그자들이 지금도 활개치고 있는 것 같습니다. 정말 통탄할 일입니다"

방현석 작가의 열변을 들으면서 한국 현대사의 흑역사에 대해 다시 한번 생각했다. 그럴 즈음 버스는 두만강에 접근하고 있었다.

두만강은 어릴 적 노래로 많이 접했다. "두만강 푸른 물에 노젓는 뱃사공…" 김정구의 노래 '눈물젖은 두만강'이다. 무장독립전쟁과 관계있는 노래다. 작곡가 이시우는 1935년 악극단 '예원좌'의 일원이었다. 중국 순회공연 중 도문(圖們)의 한 여관에 투숙했다. 옆 방에서는 한 여인이 비통하게 울고 있었다. 문창학(文昌學, 1882~1923)의 부인이었다. 문창학은 1921년 국내진공작전에 참여했다가 체포됐다. 1923년 서대문 형무소에서 순국했다. 그날이 바로 죽은 남편의 생일날이었다는 것. 수년을 기다리며 찾아 헤맸는데 남편이 사형당했다니! 얼마나 억울하고 비통한 일인가? 이시우 선생에게 두만강의 물결이 나라 잃은 민족의 눈물처럼 보였던 것이었을까? 노래에 망국의 원한과 설움을 담았다.

두만강은 백두산에서 발원하여 량강도와 함경북도 나선특별시 북쪽 경계를 흐르는 강이다. 두만강은 '콩이 가득한 땅의 강'이라는 설이 있다. 아마도 콩(大豆)의 원산지가 한반도 북부지방과 만주 벌판이기 때문에 생긴 이야기다. 중국에서는 도문강(圖們江)이라고 한다. '새가 많이 모여드는 골짜기'라는 뜻의 도문색금(圖們色禽)에서 유래했다고 한다. 두만강은 북한-중국, 북한-러시아 국경을 이루고 있다. 길이는 521㎞다. 한국에서 제일 긴 낙동강보다 길다. 가곡 '선구자'에서 나오는 해란강도 두만강의 지류 중의 하나다. 한국전쟁 당시 국군이 압록강변 초산군과 혜산시를 점령한 적이 있었지만, 두만강까지는 접근하지 못한 것으로 알려져 있다.

한국 사람들은 왜 두만강을 찾을까? 아마도 북녘을 가장 가깝게

볼 수 있기 때문이다. 가고 싶지만, 갈 수 없는 동토의 땅, 그곳은 언제나 갈 수 있을까? 평화적으로 통일된 조국을 강렬하게 희망하면서 두만강을 찾는다고 생각한다.

    범도루트 일행은 두만강으로 향한다. 연길에서 훈춘(琿春) 방천(防川)으로 가는 길, 러시아 국경에 맞닿아 있는 방천풍경구(防川風景區) 용호각(龍虎閣)으로 향한다. 중간에 국경 검문소가 있었다. 가이드 선생은 "검문소 쪽과 이야기가 잘 됐기 때문에 검문 없이 프리패스"라고 했다. 시간을 절약할 수 있으니 다행이란다. 버스는 검문소를 아무런 제지 없이 통과했다. 그런데 가이드 선생이 누군가와 통화하더니, 좁은 도로에서 겨우 유턴이다. 10여 분을 거슬러 다시 검문소에 왔다. 뭔가 꼬인 것이다. 가이드 선생은 "중국 공안에게 말을 걸면 안 된다"라고 신신당부다. 여기서는 중국 공안이 갑이다. 버스에서 전원 하차. 모든 짐을 다 꺼내라고 한다. 모두 땅바닥에 가방을 열어 놓고 검문검색을 받았다. 그저 형식적인 검문일 뿐이다. 웃픈 광경이었다. 외국인조차 배려하지 않는 황당한 중국 공안이다. 매뉴얼에 따른 행정행위일까? 한국 사람에 대한 보복적 행위인가? 결코 기분 좋은 일은 아니었다. 중국 공안은 무소불위다. 검문검색 책임자인 듯한 자는 매우 화난 표정이었고 심지어 복장도 불량이었다. 한국 경찰이나 중국 공안 모두 공히 근무 중에는 정복 착용이 필수일 텐데 모자도 쓰지 않은 것이다. 기분이 나빠도 어찌할 도리가 없다. 여하튼 검문검색은 통과했다. 가이드 선생은 미안하다는 말을 반복하고 있었다. 이동 중 오른쪽에 두만강이 보이기 시작했다. 중국 국경 쪽 두만강에는 철책이 높이 세워졌다. 과거에는 무릎 높이의 경계 표시였지만 지금은 아예 진출입을 막기 위한 철책이다. 아마도 탈북민의 불법입국과 조·중 외교관계 때문일 것이라고 생각했다. 어느덧 방천풍경구에 도착했다. 도로 양쪽은 대형 주차장이 자리하고 있었다. 셔틀버스로 갈아타고 용호각으로 이동했다.

훈춘 방천의 용호각은 높이 62m 전망대다. 방천풍경구의 랜드마크다. 11층까지 엘리베이터를 타고 올라간다. 줄이 길다. 성질이 급한 사람들은 계단으로 오른다. 두만강을 사이에 두고 동쪽을 보면 러시아 하산, 동남쪽을 보면 북한 나선특별시이다. 서쪽을 보면, 두만강이 북한과 중국의 국경이다. '삼국이 한눈에 보인다(一眼望三國)'고 관광지가 됐다. '새벽에 수탉이 울면 닭울음 소리는 같은데, 닭을 키우는 사람들의 언어는 다르다'라고 우스갯소리를 하기도 한다. 저 멀리 '조선-러시아 우정의 다리'도 보인다. 철교를 낮게 지었다. 수심도 낮다. 러시아의 의도였을까? 큰 중국 상선은 동해 접근 불가다. 작은 배라도 북한과 러시아의 동의를 얻어야 동해로 나갈 수 있다.

용호각에는 여러 군데 사진 핫스팟이 있다. 두만강과 북녘을 배경으로 삼국 국기가 표시된 지점이다. 여행에서 남는 것은 사진, 자리 잡기가 우선이다. 중국인과의 몸싸움에서 밀리면 안 된다. 상당한 노력으로 '찰칵'은 성공했다. 한국인들의 '동해 사랑'의 현장도 있었다. 동해를 '日本海'라고 표기한 안내판에 관한 이야기다. 안내판에서 동해를 찾아볼 수 없다. 모든 표기는 일본해다. 아마도 중국은 동해를 일본해로 표기하고 있는 것 같았다. 그런데 '日本海'에서 '日本'은 거의 지워졌다. 한국인들이 손이나 뭔가로 긁은 것이다. 한국인들의 분노로 '海'만 남았다. '東海'로 표기될 날을 기대한다. 용호각 6층부터 9층까지에 훈춘의 역사와 문화를 알리는 '애국주의 교양기지'가 있었다. 시간상 패스다.

두만강을 접한 순간, 여러 가지 감정이 교차했다. 저 강만 건너편 북녘이다, 그저 바라만 볼 수밖에 없었다. 안타까웠지만 평화적으로 통일된 조국을 다시 한번 생각해 봤다.

그날이 오면! 그날이 오면!

러시아-중국-조선 변경 기념

길림성 중점문물보호단위 룡호서각 표지석

용호각 전경

제1부 만주滿洲에서 여름 휴가

▲ 3국(북한, 중국, 러시아)
국경 안내표지. 동해를 일본해라고 표기하고 있다.

'일본해'에서 '일본'이 (빨간색 원) 지워진 안내판 ▼

7.
도문(圖門)의 두만강 국경공원과 일광산전망대

홍범도 장군 등 투쟁 유적지인데, 표식조차 없어

 범도루트 일행은 방천을 떠나 도문 두만강 국경공원으로 이동했다. 도문에서 바라보는 강 건너 북녘, 함경북도 온성군 남양로동자구다. 아파트단지 같은 건물도 있고, 공장이나 주택처럼 보이는 건물도 드문드문 보인다. 조선족 출신 가이드 선생은 "건물 창문에 유리가 없습니다. 북한의 유리 제작 기술과 물자가 부족해서 그렇습니다. 지금은 여름이라서 견딜 수 있겠지만 날씨가 추워지면 어떻게 지낼지 동포로서 안타깝습니다"며 북한의 사정을 간접적으로 설명했다. 그는 조·중 관계의 변화에 관해서도 설명했다. "과거 도문대교는 북한과 중국의 국경으로 무역이 활발했던 곳이었습니다. 사람들의 도보 왕래도 빈번했었습니다. 함경도 출신 조선족들이 많이 살고 있었고 중국을 오가는 북한 사람들도 동향이라서 동포로서 동질감도 있었습니다. 그러나 북한의 경제가 어려워지면서 꽃제비 등 탈북민들이 두만강을 건너오기 시작했습니다. 그 뒤로 조·중간 국경분쟁으로 확대됐습니다. 지금은 엄중한 경계와 높은 철책으로 변모했습니다. 양국이 도강을 철저히 통제하면서 이곳은 한산한 국경이 됐습니다. 연길에 있는 식당이나 호텔에 가면 한복을 입은 여성들이 안내원으로 활동하고 있습니다. 그분들은 대부분 일자리를 찾아서 온 북한 사람들입니다. 옛날에는 도문대교를 건너왔었습니다. 지금은 평양에서 북경을 거쳐 연길로 온다고 합니다. 그만큼 조·중간 국경관리가 삼엄해졌습니다"

도문국경공원에서 일어난 해프닝이다. 두만강 국경 주변에 중국 공안들이 포진하고 있다. 한국인들이 북녘을 배경으로 사진 찍으면 안 된다. 중국 공안과 시비가 생기면 스마트폰을 빼앗길 수 있으니 조심하라고 한다. 언제부터인지 알 수 없으나 그렇다고 한다. 두만강에는 유람선도 다니는데 사진을 못 찍는다고! 처음에는 두만강과 강 건너 남양구를 그저 바라만 봐야 했다. 공안들은 날카로운 눈짓으로 어슬렁거리며 한국인을 감시하고 있었다. 어떤 중국인들이 북녘을 배경으로 단체사진을 찍고 있었다. 중국 공안이 그들의 사진 촬영을 제지하고 나섰다. 아마도 우리 일행으로 착각한 것 같았다. 그들이 중국인이라고 거센 중국말로 항의하자 중국 공안은 머쓱한 표정으로 사라지기도 했다.

카메라에 북녘을 마음대로 담지 못하다니, 한국인에게는 또 다른 절망과 슬픔을 주는 광경이었다. 그렇지만 우리들의 적응력은 금메달감이다. '몰래카메라'라는 제도가 있기 때문이다. 시간이 약인가? 중국 공안들도 모르는 척해주는 것 같았다. 두만강과 북녘을 배경으로 추억을 담아 왔다. 두만강 주변 잘 정리된 인도에는 기념품이나 시원한 음료수 판매점들이 자리하고 있다. 어느 관광지와 다를 바 없었다. 과거 도문대교 변경선(辺境線), 국경선에서 사진 찍을 수도 있었는데 조·중간 외교적 변화를 실감했다.

도문국경공원의 중앙에는 각종 계급과 계층, 민족이 한데 진격하는 모습의 동상이 자리 잡고 있다. 과거에는 2016년 8월 두만강 대홍수와 싸워 이겼다는 의미에서 '항홍승리기념비(抗洪勝利紀念碑)'였다고 한다. 보통 조형물의 주제가 바뀌면 동상도 바뀔 텐데 독특한 재활용이었다. 같은 조형물인데 구호만 변경됐다. '同心协力 向辺图强' '더욱 강해지려면 함께 협력하자'라는 주제 아래 '중화문화와 중국공산당', '중화민족, 중국사회주의'로 뭉치자는 구호가 적혀 있었다. '지금까지는 연변 자치주가 조선족끼리 살았다면, 이제는 중화민족으로서 공존·공생하자는 것'이다. 우리 동포들에게 한반도 쪽을 바라보지 말고 중국인, 즉 한족으로의 편입을 강요하는 느낌이었다. 분단된 조국은 영원한 절망으로 남을 것만 같았다. 한편 조·한 이중 언어를 사용하고 있는 연변주 간판에도 확연한 변화가 있었다. 연변주 인민정부는 2022년 7월, 『연변조선족자치주 조선언어문자업무 조례 실행세칙』을 발표했다. 세칙 12조에 '한자를 왼쪽(앞) 혹은 위로, 한글을 오른쪽(뒤) 혹은 아래'로 정했다. 한자와 한글의 위치가 상하좌우가 바뀌었다. 연변주는 시진핑 주석의 소수 민족 정책에 동조하고 있는 것임을 알 수 있었다.

공원 내에는 여러 가지 조형물도 있었고 야간에는 경관조명으로 활용하고 있는 것 같았다. 조선족으로 보이는 사람들은 광장 한쪽에서 한국 트로트에 맞춰 춤을 추고 있었다. 그 옆에는 대형 커피숍과 관광상품 판매점도 있었다. 수년 전 자료를 찾아봤다. 두만강 주변 조·중간 다리가 있는 조그만 국경 동네였다. 지금은 중국 자본이 투자된 거대한 관광지로 변모했다. 일행 중의 한 분은 "중국인들에게 북녘은 그저 기념사진 찍는 장소가 됐다. 북녘은 구경거리가 된 것 같다"며 도문 두만강변을 씁쓸하게 회상하기도 했다.

버스를 타고 10분 정도 이동했다. 목적지는 일광산(日光山) 전망대다. 1920년 6월 봉오동 전투의 시작은 일광산이었다. 일광산 건너편 북녘은 함경북도 온성군이다. 홍범도 장군과 최진동(崔振東, 1882~1941) 장군은 일광산에서 일본군 남양수비대의 동태를 살피고 있었다. 당시 독립군의 국내 진공은 자주 있었다. 적정의 정탐, 군자의 조달 등 임무를 수행하기 위해서다. 5월 28일, 20여 명의 무장 독립군이 운무령(雲霧嶺)에서, 적이 호송하는 우편물을 습격, 몰수했다. 1주일을 지난 6월 4일 새벽, 대한신민군단 소속 박승길(朴昇吉, 1893~1960) 사령관 등 30여 명이 화룡현(和龍縣) 삼둔자(三屯子)에서 강을 건너 강양동(江陽洞)으로 진입했다. 적 초소를 습격했다. 4~6명을 감쪽같이 섬멸했다. 삼둔자로 무사히 귀환했다. 강양동 진입은 대전투의 도화선이 됐다. 박승길 장군은 국내진공작전의 선봉이었다. 봉오동에선 야스가와지로(安川二郎)부대와 교전에서 일본군 300여 명을 사살했다. 명월구(明月溝) 이청림(李靑林)에 사관학교를 설립해 독립군 간부 양성한 장본인이다. 1935년 검거돼 고막을 잃기도 했으나 탈옥했다. 봉오동과 청산리 전투에 관한 증언록에 등장하는 장군 중의 한 분이다.

박승길 사령관의 기습에 놀란 일본군은 '월강(越江)추격대'를 조직했다. 남양 수비 대장 니이미지로(新美二郞)는 19사단의 보병 부대와 기관총대 1개 대대로 추격대를 구성했다. 소좌 야스가와지로의 지휘로 삼둔자로 침입했다. 중·일간 외교적 관계를 무시하고 중국 영토 안에서 독립군을 격파하자는 심산이었다. 불법적으로 국경을 넘은 일본군은 단시간에 전투를 마쳐야 한다는 부담도 있었다. 최진동 장군은 삼둔자 서남쪽에 독립군을 잠복시켰다. 별동대가 나가 싸우는 척하며 일본군을 유인했다. 무모한 적군이 독립군의 그물망에 들어왔다. 독립군은 기회를 놓치지 않고 일제 사격을 가했다. 일본군은 다수의 사상자를 내고 삼둔자 북방으로 패주했다.

야스카와지로는 다시 패잔병과 보충병을 모았다. 2차 공격을 시도했다. 이번에는 홍범도 장군이 나섰다. 일본군 추격대를 화룡현 일광산 아래 삼둔자 안산(安山)촌락까지 유인했다. 6월 6일 오후 일본군을 격퇴했다. 대한독립군은 일본군 사살 120명, 중상 200여 명의 대전과를 올렸다. 소총 160자루, 기관총 3문도 노획했다. 삼둔자전투는 대한독립군 편성 후 무장독립전쟁을 개시한 이래 최초 대승리였다. 삼둔자 전투는 봉오동의 대승을 알리는 서곡이었다.

'일광산 전망대'에 올랐다. 일본군의 동향을 살피면서 '백발백중 일격필살' 작전을 구상 중인 홍범도 장군과 최진동 장군, 일본군을 혼내주고 두만강을 건너온 박승길 장군의 얼굴이 떠오르는 듯했다. 지금은 평화로운 북녘땅이 강 건너 자리하고 있다. 일광산과 두만강 변에는 떠들썩한 중국인들이 사진을 찍고 있었다. 북녘과 중국 땅 사이 두만강은 유유히 흐르고 있었다. 무장독립전쟁의 전적지, 일광산 전망에 오르려면 대형마트를 통과해야 한다. 중국인의 상술이란 금도가 없었다. 일광산은 우리에겐 무장독립전쟁 전적지이지만 중국인들에겐 그냥 관광지다. 섭씨 35도의 더위다. '범도루트' 깃발 아래 우리들은 묵묵히 계단을 올랐다. 북녘 온성군이 한눈에 들어왔다. 북녘에 자유롭게 갈 수 있는 시절이 온다면 얼마나 좋겠는가? 일광산 전망대, 우리의 무장독립전쟁 전적지란 표식 하나도 없다. 자랑스러운 홍범도 장군과 최진동 장군, 그리고 박승길 대장의 동상을 세웠으면 하는 바람이다. 태양은 뜨거웠고, 일광산은 건재했다. 이제 두만강과 북녘은 안녕이다.

도문국경공원에서 보이는 북한 남양시, 두만강에는 유람선이 떠있다.

35도의 더위, 범도루트 대원들이 묵묵히 일광산전망대에 오르고 있다.

박승길 장군은 1920년 대한신민단군 사령관으로 국내진공작전을 지휘했고 봉오동 전투에서 야스가와 부대를 전멸시켰다(공훈전자사료관)

도문 일광산에서 바라본 삼둔자 전적지(독립기념관)

8.
수몰된
봉오동 전투 현장

일본 정규군 격파 '봉오동 대첩' 청산리 전투 등
독립운동으로 이어져

봉오동 전투(鳳梧洞 戰鬪), 최진동의 군무도독부, 안무(安武, 1883~1924)의 국민회군, 홍범도의 대한독립군이 연합한 '대한북로독군부'가 일본 정규군을 격퇴한 전투다. 전투의 주력은 북간도 한인 민족학교와 '왕천봉오골사관학교', 그리고 서간도 '신흥무관학교' 출신의 한인들이었다.

홍범도 장군과 가족의 이야기다. 홍범도는 9살에 고아가 됐다. 부잣집 머슴살이로 10대를 보냈다. 1895년 11월 을미의병(乙未義兵)에 참가, 일본군 12명을 사살했다. 이때부터 독립전쟁에 투신했다. 1907년 갑산(甲山)·삼수(三水)·혜산(惠山)·풍산(豊山) 등지에서 유격전으로 일본군을 격파했다. 특히 후치령 전투에선 일본군 30여 명을 사살했다. 이때 '날으는 홍범도'라는 별명을 얻었다. 1908년 4월 일본군은 배우자인 단양이씨를 볼모로 회유를 시도했다. 단양이씨는 모진 고문에 옥사하기에 이른다. 장남 홍양순은 1908년 6월 정평배기 전투에서 전사했다. 16살이었다. 차남 홍용환도 일제의 고문 후유증으로 고생하다 결핵으로 죽었다. 홍범도 장군은 가족을 가슴에 묻고 무장독립전쟁에 헌신했다.

그는 경술국치 후 만주로 망명, 장백현(長白縣) 일대에서 독립군 양성에 힘썼다. 1919년 간도 국민회의 대한독립군 사령관이 되어 국내로 진격, 일본군을 습격했다. 독립군의 통합 운동을 통해 대한독립군단을 조직, 김좌진과 함께 부총재가 되었다. 1919년 8월, 홍범도의 대한독립군은 함경남도 혜산진의 일본군 수비대를 습격해 섬멸했다. 1920년 1월부터 8월까지 국내진공작전은 60여 회로 기록되고 있다.

봉오동 전투에서 꼭 기억해야 할 인물은 최진동, 최운산(崔雲山, 1885~1945), 최치흥, 최명철 형제(이하, '최진동 형제')다. 봉오동은 최진동 형제가 한인들과 함께 일군 무장독립전쟁의 근거지였다. 연길에서 상당한 부와 토지를 소유하고 있던 최진동 형제는 1909년 여기에 신한촌을 건설했다. 이곳을 '봉오동'으로 명명했다. 봉오동의 지형적인 특징은 다음과 같다. 첫째, 봉오동은 험준한 산들과 긴 골짜기로 이루어진 지형이기 때문에 외부에서 접근이 어렵고, 고려령(高麗嶺)과 같은 높은 산에 둘러싸인 천혜의 요새지였다. 두 번째, 봉오동은 사통팔달하는 교통 요충지였다. 봉오동은 두만강까지 직선거리로 약 12km 정도, 동쪽으로는 연해주, 남쪽으로는 연변, 북쪽으로는 헤이룽장성으로 중국 내륙과 바로 연결되는 곳이다. 세 번째, 봉오동 주변은 한인들이 많이 거주하고 있었다. 무장투쟁에 직접 나서거나 후방 지원이 가능한 지역이다. 네 번째, 중국 정부와 일본 경찰의 영향력이 비교적 약하게 미치는 지역이다. 대규모 무장독립운동 기지를 건설하기엔 최적지였다.

최진동 형제는 봉오동 일대에 토성을 쌓고 막사를 건축하는 등 요새화했다. 마적단의 습격을 막기 위해 건설됐지만 군사기지 역할도 했다. 연해주로부터 체코군의 신식 무기도 구입했다. 정예화된 독립군단을 양성한 것이다. 최진동 형제의 독립군 양성 과정도 봉오동 전투 승리의 중요한 요소다. 이회영 6형제가 서간도에 '신흥무관학교'를 만들었고, 최진동 형제는 북간도 봉오동에 '왕천봉오골사관학교'을 설립했다. 최운산은 중국 군벌로부터 자경단 조직을 허락받았으며, 100여 명의 자체 무장세력을 가지고 있었다. 그리고 북간도 지방으로 넘어오던 한인 청년들을 받아들이면서 '왕천봉오골사관학교'를 설립했다. 대한제국 군대의 훈련 방법에 따라 교육 훈련을 진행했다. 태극 휘장의 황색 군모와 백색 군복을 입고, 소매에 자색 장식줄까지 붙이는 등 정규군과 동일한 군복을 갖추고 있었다. 이렇듯 최진동 형제는 모든 가산을 무장독립전쟁에 투여했다.

무장독립전쟁기지 봉오동이 일본군의 표적이 됐다. 일본군은 독립군의 국내진공작전과 삼둔자전투에서 패배해 자존심이 상한 상태였다. 일본군은 자존심을 회복하고자 대규모 토벌대를 편성했다. 1920년 6월 7일, 일본군은 제19사단 병력과 남양수비대를 연합부대로 편성해 봉오동을 공격하기에 이른다. 봉오동은 가운데 골짜기가 있고 사면이 산으로 둘러싸인 지형이다. 마치 삿갓을 뒤집어 놓은 모양이다. 고지를 차지하는 것이 전투의 관건이다. 최진동 장군은 우선 공성(空城) 작전을 계획했다. 주민들을 일단 다른 곳으로 피난시켰다. 제1중대장 이천오(李千五)는 서북단에, 제2중대장 강상모(姜尙模, 1894~1944)는 동산에, 제3중대장 강시범(姜時範)은 북산에, 제4중대장 조권식(曹權植)을 서산 남단에 매복했다. 연대부 장교 이원(李園)으로는 서북 산지에서 병원 증강, 탄약 보충, 군량 공급을 담당, 제2중대 제3소대 제1분대장 이화일(李化日)은 적을 유인하게 했다. 사령관 최진동과 부관 안무는 동북 산상에서 총지휘했다. 연대장 홍범도의 2개 중대는 서산 북단에서 선봉대를 이뤘다. 홍 장군이 발포하면 전투는 시작이다. 독립군의 작전 태세는 완벽했다. 최진동 형제의 지략과 홍범도의 전투력이 무서운 조화를 이루고 있었다. 마치 이순신의 학익진과 같은 전력 배치였다. 홍범도는 긴장과 기다림 속에 '백발백중 일격필살'의 전술로 지휘했다. 유인과 매복을 적절히 구사하며 대승을 거두었다. 봉오동 전투는 이때까지 독립군이 올린 승리 중 최대의 승전이다. 지금까지 봉오동 전투는 소수 독립군이 게릴라식 전투로 일본군을 물리친 것으로 알려져 있다. 그것은 오해다. 봉오동 전투는 독립군 부대가 연합을 이뤄 일본 정규군을 물리친 대첩이다. 봉오동 전투는 청산리 전투로 이어졌고 의열단, 한인애국단, 조선의용대, 광복군 등 무장독립전쟁으로 이어졌다.

『홍범도일지』에는 "일본군 370명이 전사했고, 후원병 100명이 존재해 결과적으로 5~600명이 죽었다"고 기술했다. 독립군의 대승은 여러 곳에서 나타난다. 중국신문인 『상해시보(上海時報)』는 "일본군은 150명의 전사자와 수십 명의 부상자를 냈으며, 독립군은 160정의 소총과 3정의 기관총을 노획했다"고 보도했다. 대한민국 임시정부의 『독립신문』은 "적의 사자 157명, 중상자 200여 명, 경상자 100여 명이요, 아군의 사망자 장교 1인, 병원 3인, 중상자 2인이며, 적의 유기물이 많다"라고 보도했다. 일본군 야스가와 소좌는 『봉오동부근전투상보(鳳梧洞附近戰鬪詳報)』에서 "전부 러시아식 소총과 탄약도 상당히 휴대했으며, 사격훈련도 상당히 받았으며, 방어전투를 치를 때 용감히 싸운다"라며 독립군의 막강한 전투력을 인정했다.

홍범도의 대한독립군은 수적 열세에도 불구하고 두 차례나 큰 전투에서 승리했다. 무장독립전쟁에 큰 원동력을 불어넣었다. 봉오동 전투 승리를 계기로 만주 각지에서 독립군 부대가 일어났고, 독립군에 대한 금전적, 물질적인 지원도 대거 늘어났다는 평가다.

역사학자 신용하는 "대한독립군이 일본군을 상대로 승리를 거둔 주요한 이유는 홍범도 장군의 산포수대의 경험에서 찾아볼 수 있다. 산포수대는 잘 갖춘 조직을 통해 사냥한다. 대한독립군이 빠르게 군조직의 형태를 유지할 수 있었던 것도 바로 산포수대의 경험이다. 또한 지역민과의 소통이 가능한 부대였다. 대한독립군은 민중들의 절대적인 지원을 받는 의병부대였다. 대한독립군 부대가 일본군을 상대로 연전연승을 할 수 있었던 배경에는 민중의 지지와 성원이 있었기 때문"이라고 홍범도의 대한독립군을 평가했다.

『홍범도 평전』의 저자 김삼웅은 "일제가 가장 두려워했던 인물 중 첫째가 홍범도, 둘째가 김원봉(金元鳳, 1898~195), 셋째가 김구(金九, 1876~1949)다. 독립운동사에서 가장 많이 싸우고 또 가장 많이 이긴 독립투사가 바로 홍범도다"라고 했다.

봉오동 전투 현장을 찾아갔다. 홍범도가 선봉에 섰던 전투 현장은 1980년 수몰됐다. 최진동 형제가 한인들과 만들었던 봉오동도 폐허가 됐다. 봉오저수지 입구는 철문으로 굳게 닫혔다. 상수원보호구역이라서 들어갈 수 없다. 1989년 도문시 인민 정부가 설치한 봉오골반일전적지(楓梧溝反日戰迹地) 기념비에도 참배할 수도 없었다. 중국 공안들이 언제부터인가 우리 일행을 감시하고 있었고, 중국 오성홍기는 펄럭거리고 있었다. 그 아래 파란색 벽 '楓梧水岸, 봉오저수지'라는 표식, 여기가 처절한 역사의 현장이라는 것을 알리고 있었다. 아쉬움을 뒤로 하고 사진 한 컷, 기억에 담았다.

봉오저수지 입구

봉오동전투 전적비(독립기념관)

'독립운동 영웅' 홍범도장군과 최진동 장군

독립군 승첩 봉오동에서 원수를 대파
(신한민보 1920.07.29. 공훈전자사료관)

9.
청산리 전투 중 가장 치열했던 어랑촌 전투 현장

청산리 전투, 한인들에게 '승리의 DNA' 심어준 역사적 대첩

봉오동에서 어랑촌(漁郞村)으로 가는 길, 소설 『범도』의 방현석 작가는 독립군 군의(軍醫) 박서양(朴瑞陽, 1887~1940)을 소개했다. "그는 백정의 자식으로 태어났으나 조선인 최초 양의사가 됐습니다. 스승 에비슨(O. R. Avison/어비신(魚丕信), 1860~1956)은 박서양에게 병원 바닥 청소와 침대 정리 등 온갖 잡일을 시켰습니다. 박서양은 모든 일을 불평 없이 말끔하게 처리했습니다. 에비슨은 그에게 책을 읽게 했고, 1900년 8월 30일 정규 과정에 입학시켰습니다. 1908년 6월 3일 제중원의학교 제1회로 졸업했습니다. 화학, 외과, 해부학 교수로 활동하던 중 간도로 떠났습니다. 이유는 기록에 남아있지 않습니다. 1917년 연길현 용지향(勇智鄕) 국자가(局子街)에 구세병원(救世病院)을 설립했습니다. 연길 내 유일한 양의사로 독립군과 그들의 가족을 무료로 치료했습니다. 그는 숭신학교(崇信學校)의 교장이기도 했습니다. 1920년 12월경 적십자 소속 의사로,

1921년 6월경에는 간도국민회 총부 군의로 활동했습니다. 북간도에서 한인 대상의 의료활동과 민족교육 사업을 주도했습니다. 박서양은 가장 억압받았던 신분 출신이었지만 의사로서 동포애를 발휘했을 뿐만 아니라 독립군 군의관으로 헌신했습니다"

박서양에 관한 논문에서는 '1924년 말 연길현에는 한국인 156,029명, 일본인 1,420명이 거주했다. 의사는 한국인 46명, 일본인 6명이었다. 양방병원은 구세병원 한 곳이었다. 박서양은 연인원 무료 환자 3,315명, 유료 환자 6,416명을 치료했다'고 기록하고 있다.

또 다른 군의가 있을 것 같았다. 박서양과 같이 제중의학교를 졸업한 김필순(金弼順, 1878~1919), 신창희(申昌熙, 1877~1926), 주현측(朱賢則, 1883~1942)이다. 한인 최초 6명의 양의사 중 4명이 중국으로 가서 독립운동에 나선 것이다. 의사로서 기득권을 포기한 채 목숨을 건 독립전쟁에 나섰다. 보통사람이라면 상상도 할 수 없는 일이다. 그들의 용기와 헌신에 고개 숙여졌다.

김필순은 안창호(安昌浩, 1878~1938)의 의형제이자 후원자였다. 그는 제중원 외과 과장으로 근무할 당시 자신의 집을 독립운동가들의 회의 장소로 제공하기도 했다. 신민회 105인 사건으로 일제의 표적이 됐다. 검거를 피해 1911년 서간도로 망명했다. 이동녕(李東寧, 1869~1940), 전병현(全秉鉉) 등과 함께 서간도 독립운동기지 건설에 힘썼다. 헤이룽장성 치치하얼(齊齊哈爾)에 북쪽에 있는 제중원이란 의미로 '북제진료소(北濟診療所)'라는 병원을 열었다. 대부분의 수입을 군자금으로 기부하며 부상당한 독립군을 치료했다. 내몽고 지역에 100여 호의 한인들을 이주시키고 무관학교를 설립하기도 했다. 이후 독립운동을 이어오던 중 1919년 9월 1일 일본인 조수에 의해 독살당했다.

신창희는 1917년 안동(현재 단동)에 평산의원(平山醫院)을 설립했고 1922년 상해 임시정부 군의와 대한적십자회의 상의원으로 활동했다. 군자금과 의연금 모금에 앞장섰다. 이후 동몽골지역에서 의사로서 독립운동을 지원하다 1926년 2월 28일 폐렴으로 사망했다.

주현측은 1911년 9월 이른바 '105인 사건'으로 2년 동안 투옥됐다. 1919년 중국 안동을 건너갔다. 1921년 상해 프랑스 조계지역에 삼일의원(三一醫院)을 설립했다. 상해거류민단 의사원, 대한적십자회의 상의원으로 활동 중 안창호의 주관으로 흥사단에 입단했다. 이후 텐진과 산동 지역에서 흥사단조직 확대와 의료활동을 전개했다. 1937년 수양동우회 사건으로 일제에 체포됐다. 1941년 11월 17일 고등법원에서 무죄가 확정됐으나 고문 후유증으로 1942년 3월 25일 사망했다.

박서양과 활동 시점과 지역이 겹치는 오환묵(吳煥黙, 1888~?)도 군의였다. 군자금을 모집하다 체포돼 징역 8년 형을 받았다. 오환묵의 경우 '후손과 묘소 확인이 필요한 독립유공자'란 알림이 있었다. 안타까운 마음이었다. 무장독립전쟁에 군의관이 존재했다는 것은 당시 독립전쟁이 얼마나 체계적이었는지 가늠할 수 있었다.

어랑촌으로 가는 길, 벌목한 나무를 가득 실은 트럭 몇 대가 길을 막고 있다. 트럭에 실린 묵중한 나무들은 곧 옆으로 쏟아질 것 같았다. 그 나무들을 실었던 사람은 '달인'이다. 좁은 길에서 마주친 트럭과 버스, 둘 중 하나는 후진해야 한다. 우리 버스가 후진해야만 했다. 멈춤 없이 후진하는 버스 기사님도 '달인'이다. 버스와 트럭이 교행할 수 있는 넓은 공간에서 버스가 멈춘다. 만주 시골길에서 생긴 추억거리다.

어랑촌 전투 현장을 찾아간다. 청산리 전투는 한군데에서 일어났던 전투는 아니다. 김좌진, 나중소(羅仲昭, 1867~1928) 서일, 이범석(李範奭, 1900~1972)의 북로군정서와 홍범도의 대한독립군 등 2,500명이 연합군을 형성했다. 청산리 전투의 주력부대는 북로군정서다. 김좌진은 왕칭현 서대파(西大坡) 십리평(十里坪)에 근거지를 설치하고, 무관학교인 '사관연성소'를 설립했다. 서간도 신흥무관학교로부터 인력과 교재 등 도움을 받아 독립군을 양성했다. 일본군은 한반도의 19사단, 21사단, 시베리아의 11사단, 13사단, 14사단 등 각 사단에서 연대급 이상 병력을 북간도에 보냈다. 동북에 주둔하던 관동군, 간도일본총영사관 산하의 군경까지 합치면 25,000명 이상이었다. 일본군은 기마부대는 물론, 기관총과 야포로 무장했다. 공병대가 길을 닦고 통신망을 설치했다. 심지어 정찰기도 투입했다. 독립군은 '주전'할 것인지 '피전'할 것인지 논의도 있었으나 결사항전에 나섰다. 백두산 주변의 밀림으로 일본군을 유인하기로 했다. 일본 정규군과 10여 차례 전투가 있었다. 10월 21일 백운평(白雲坪), 완루구(完樓溝), 10월 22일 천수평(泉水坪), 어랑촌, 10월

23일 맹개골, 쉬구, 만기구(萬麒溝), 10월 24일 천보산(天寶山), 10월 26일 고동하(古洞河) 전투 등이 동시다발적으로 일어났다. 10전 10승이었다. 가장 치열했던 전투가 '어랑촌 전투'다.

이 전투는 어랑촌을 중심으로 1920년 10월 22일 아침부터 하루 종일 계속됐다. 김좌진의 북로군정서가 '어랑촌 874고지'를 선점했다. 김좌진 부대는 백운평 전투를 승리로 이끌었으나 피로감이 높아졌고, 3일째 식사도 하지 못하는 등 각종 보급에 어려움을 겪고 있었다. 일본군은 어랑촌 중앙에 연대 병력을 주둔시켰다. 카노기 병연대를 필두로 동원할 수 있는 군대를 모조리 동원했다. 동지대 예비대, 각종 기병대, 함경북도에 있던 보병 2개 중대, 회령에 있던 74연대 1대대 병력까지 어랑촌에 투입했다. 일본군은 우세한 전력을 바탕으로 무차별 공격을 감행했다.

이날 오후 완루구에서 일본군을 물리친 홍범도 부대가 서북쪽에 나타났다. 김좌진의 북로군정서와 홍범도의 대한독립군이 연합을 이룬 것이다. 일본군은 독립군 사이에 낀 상태가 됐다. 지형상 우세를 점한 독립군은 일본군의 파상공세를 차단하면서 효과적인 반격을 가했다. 김좌진 부대는 홍범도 부대의 협공 덕에 어랑촌에서 승리할 수 있었다. 지략의 승리였다. 독립군 승리의 요인은 연합과 매복 작전, 한인 동포 주민들의 지원, 일본군의 조급성과 자만심이었다. 이 전투에선 동포들의 눈물겨운 지원이 있었다. 이범석 장군은 『우둥불』에서 "마을 아낙네들이 치마폭에 밥을 싸가지고 빗발치는 총알 사이로 산에 올라와 한 덩어리 두 덩어리 동지들 입에 넣어주었다"고 했다. 이우석(李雨錫, 1896~1994)은 수기에서 "주민들에게 주먹밥을 얻어먹고 싸웠다. 총알이 비 오듯 하는 중에 치맛자락의 주먹밥을 던져주는 애국 부인들은 독립군의 용기를 백배나 나게 했다"고 증언했다.

청산리전투에서 일본군은 심대한 타격을 입었다. 전투를 지휘했던 이범석은 '일본군 전상자는 1,000여 명'으로 추산했다. 박은식(朴殷植, 1859~1925)은 『한국독립운동지혈사(韓國獨立運動之血史)』에 '일본군 사상자가 1,200명이었다'고 기록했다. 상해 임시정부 『독립신문』은 '김좌진 씨 부하 600명과 홍범도씨 부하 300여 명은 대소전쟁 10여 회에 왜병을 격살한 자가 1,200여 명'이라고 보도했다. 북로군정서 총재 서일이 임시정부에 제출한 정식 보고서에서는 '일본군 전사자가 연대장 1명, 대대장 2명, 기타 장교 이하 사병 1,254명이며, 부상자가 장교 이하 200여 명'이라고 했다. 중국의 『요동일일신문(遼東日日新聞)』은 '일본군 전사자를 2,000명'으로 추정했다. 어랑촌 전투를 비롯한 청산리 전투는 독립군과 한인들에게 승리의 DNA를 심어준 역사적 전투이자 대첩이었다. 2001년 청산리대첩 80주년을 기념하여 길림성 화룡현 청산리 입구에 '청산리 항일대첩 기념비'가 건립됐다.

1933년, 어랑촌에선 또 다른 전투가 있었다. 마을 입구 '어랑촌전투 희생렬사 안장지'라는 비석이 그 현장임을 보여주고 있었다. 1933년 2월 12일, 일본군 300여 명은 박격포와 기관총을 앞세워 항일유격대의 근거지 어랑촌을 습격했다. 항일유격대 1소대 유격대원 13명이 일본군과 6시간 동안 혈전을 벌였다. 일본군은 18명이 죽고 20여 명이 부상당했다. 1,000여 명에 달하는 어랑촌 주민들이 안전하게 피할 수 있도록 엄호했다. 13 용사는 장렬히 전사했다. 당시엔 '어랑촌 보위전'으로 널리 알려졌던 전투다. 우리 독립운동사에는 언급이 없다. '13 용사 기념비(十三勇士紀念碑)가 산 중턱에 있었다. 상당한 규모다. 시멘트로 만들었던 기념비를 철거하고 최근 새롭게 조성했다. 기념비를 오르는 계단 양쪽에는 용사들의 얼굴 초상화와 생몰년도, 한 줄 이력을 적어 놓은 전시물이 설치됐다. '13 용사'는 모두 한인 출신으로 알려져 있으나 한인이라는 설명은 없었다. 한인의 독립전쟁이 중국인의 항일전쟁으로 편입되고 있는 느낌이었다. 청산리 전투로부터 13년이 지난 어랑촌, 그곳에선 무장독립전쟁이 계속되고 있었다. 어랑촌은 경술국치 이후, 함경북도 경성군 어랑사 마을 사람들이 이주, 개척한 마을이다. 고향 마을의 이름을 따서 어랑촌이라고 붙였다. 어스름한 저녁, 1920년도와 1933년도 어랑촌 전투를 지원했던 동포들의 후손들일까? 마을 주민들은 우리를 물끄러미 쳐다보고 있었다. 여기 왜 왔는지 알고 있는 것 같은 표정이었다.

보통 독립전쟁하면 1920년 청산리, 봉오동 전투만 알고 있었다. 그러나 그 이후에도 수많은 독립전쟁이 만주 지역에서 일어났고 일본 정규군과의 전투에서 혁혁한 전과를 이룬 것도 알게 됐다. 특히 1929년 11월 3일에 봉기한 광주학생독립운동의 영향으로 무장독립전쟁은 확대재생산됐다.

1931년 가을 '무기 획득을 위한 투쟁', 1933년도 지청천(池靑天, 1888~1957) 장군의 '대전자령 전투', 1939년 '도천리 전투'까지 무려 202차례 무장독립전쟁이 있었다니 놀랍고 죄송한 마음이었다.

청산리 전투를 승리로 이끈 김좌진 장군(공훈전자사료관)

김필순, 한인 최초 의사 6명 중 한명으로 서간도 지역에서 군의로 활동하며 독립운동기지 건설에 나섰음(공훈전자사료관)

박서양, 한인 최초 의사 6명 중 한명으로 간도국민회 총부 군의로 활동했으며 민족교육 사업을 주도했음(백형우 홍정완의 논문)

어랑촌 13 용사 기념비

10.
광복절에 오른 백두산 천지와 장백폭포

량강도 삼지연시~백두산 천지 오르는 '그날' 빨리 오기를

레이펑 청년 병사의 흉상, 사회주의 프로파간다의 한 장면

백두산으로 가는 마지막 시가지, 이도백하진(二道白河鎭)의 아침이다. 호텔 로비에 한가운데 대리석 흉상이 있었다. 레이펑(雷鋒, 1940~1962)이다. 그는 중국 인민해방군의 모범 병사다. 평소 부족한 형편임에도 선행과 헌신으로 유명했다. 문화대혁명 중 불의의 사고로 요절하자 중국 정부는 그를 이상적인 군인으로 선전하기 시작했다. 마오쩌둥은 '레이펑 동지에게 배워라(向雷鋒同志学習)'고 했다. 시진핑도 그를 '이상적 사회주의 청년' 모델로 치켜세웠다. 장성이나 전쟁영웅이 아닌 청년 병사의 흉상, 사회주의 프로파간다(propaganda)의 한 장면이었다.

호텔 옥상에 갔다. 넓은 공간에는 다양한 시설이 있었다. 결혼식장, 육상트랙, 낭만포차도 있었다. 사방팔방을 볼 수 있었으나 백두산 쪽은 안개 속이다. 백두산 천지를 영접할 수 있을까? 호텔 입구로 내려왔다. 인삼과 더덕, 과일을 파는 동포들이 있었다. 그 틈바구니로 갑자기 비옷 장수가 나타났다. 그는 "비옷 천 원"을 외치고 있다. '아, 천지 쪽에 비가 내리고 있나?' 걱정이다. 버스는 백두산 밀림을 통과하고 있었다.

백두산 북파는 하루 약 4만 명으로 입장을 제한하고 있다. 요즈음은 한국인보다 중국인 방문이 훨씬 더 많다고 한다. 특히 백두산은 '중화 10대 명산'이며, '중국 국가급 5A 여행 구역'으로 지정돼 중국인들에게도 사랑받는 산이다. 중국 정부가 추진하고 있는 두만강과 백두산, 연변지역을 연결하는 관광정책과 한류의 영향도 크다. 백두산 천지에 올라가는 코스는 4개가 있다. 북파, 서파, 남파는 중국에 있고, 동파는 북한에 있다. 여기서 '파'는 고개(坡)라는 의미다. 북파는 자동차를 타고 천지에 가장 가까이 오를 수 있다. 하산길에 장백폭포가 있어 가장 인기있는 코스다. 서파코스는 1,442계단을 걸어야 한다. '삼보승차(三步乘車)'가 생활화된 현대인들이 싫어하는 루트다. 중국 국경표지석 37번이 사진 핫스팟이다. 남파코스는 북한과 국경이 인접한 관계로 검문검색이 많고 하루 1,500명으로 제한한다. 동파코스는 북한에서 오르는 코스다. 관광용 지상 궤도 열차와 케이블카가 설치됐다고 한다. 2018년 남북 정상이 올랐던 길이다.

천지로 가는 길, 가이드 선생은 "우리는 VIP코스라서 가장 빠른

시간에 오를 수 있다"고 강조한다. 상대적으로 줄 서는 시간은 적었다. 중간에 셔틀버스로 갈아탔다. '장백산 북파 환승센터'에서 10명씩 승합차에 오른다. 꼬불꼬불 시멘트 도로를 거침없이 달린다. 위험천만이다. 해발 2천 미터 지점을 지나자 맑은 하늘이 나타났다. 승합차 안, 탄성이 터져 나왔다. 어느덧 천지 바로 밑에 거대한 주차장에 도착했다.

천지를 오르는 코스는 A, B코스 두 군데다. 천문봉에 가려면 A코스로 가면 된다. 벌써부터 만원이다. 사람들을 따라 올라갔다. 천문봉의 인파를 조절하는 듯. 위쪽에서는 막고 있는데 아래쪽에선 인파가 밀려온다. 그 와중이 인파에 끼어서 옴짝달싹할 수 없는 상태, 그저 기다릴 뿐 어쩔 도리가 없다. 조금 더 오르자 중국인 안내원들이 핸드마이크를 들고 빨리 이동하라고 난리다. 중국말과 한국말을 섞어 "빨리, 빨리"를 외친다. 이렇게 천지에 도착했다.

천지를 영접한 순간을 생각하면 지금도 짜릿하다. '동해물과 백두산이' 애국가 첫 소절에 나오는 그곳이다. 그 천지가 바로 내 눈앞에 펼쳐졌다. 3대가 덕을 쌓아야 본다는 그곳! 하늘이 허락한 순간이었다. 설명으로 하기 어려운 감정이었다. 그것도 '광복절에 천지라니', 연길파옥투쟁과 15만원 쟁취, 창동학교 등 한인 민족학교, 봉오동·청산리 대첩의 수많은 영웅이 떠올랐다. 그들이 꿈꾸었던 해방된 조국, 통일된 조국을 기원하며 백두산 천지와 북녘 하늘을 가슴에 담았다. 한반도의 백두대간을 그려온 영암 출신 김준권 화백은 천지를 그림으로 옮기고 있었다. 경치가 가장 좋은 장소에 커다란 데크가 설치됐다. 출입을 통제한다. 일 인당 30위안을 내야 한다. 역시 상술은 중국인이다.

백두산 천문봉 표지판이다. 해발 2,660m, 북위 42°1′33″, 경도 128°3′59″. '登上天文峰 事業皆成功(천문봉에 올랐으니, 모두 사업 성공하세요)'이라는 문구가 우리를 반기고 있었다. '백두산 2,744m'라는 표지판을 보고 싶다. 다음엔 동파코스로 천지에 오르겠다고 소망했다. 쉼 없이 오르내리는 승합차와 위험천만한 도로, 부지런한 인간들의 노력이 가상했다. 기념품으로 '長白山 天池'이라고 쓰인 마그네틱도 구입했다.

다시 승합차를 타고 내려간다. 오를 때와는 또 다른 풍경이다. 백두산의 장엄함, 잊을 수 없는 광경이었다. 장백폭포로 가는 길, 데크길은 잘 조성됐다. 수많은 인파 속에 거대한 폭포가 나타났다. 이제껏 봐온 폭포 중 제일 크다. 천지의 물이 천문봉과 용문봉 사이로 흘러내리다가 승사하(乘槎河)로 합쳐져 장백폭포에 도착한다. 장백폭포는 68m 수직 절벽이다. 폭포는 크게 두 갈래 물줄기로 나뉘었다. 동쪽 폭포 수량이 전체 수량의 3분의 2를 차지하며 송화강으로 유입된다. 내려오는 길엔 유황온천 달걀 한입, 시원한 음료는 필수다. 백두산엔 천지가 있고 장백폭포엔 사람 천지다.

궁금증이 생겼다. 언제부터 백두산은 우리 민족의 영산(靈山)이 됐을까? 여러 가지 자료를 살펴봤다. 고려·조선시대, 백두산은 조종산(祖宗山)으로서 '지리적인 표상'이었다. 조선 후기에 일본 통신사 일행 중 백두산과 후지산을 비교하기도 했다. 영조 때는 백두산에서 제사를 지내면서 백두산이 한반도 모든 산맥의 출발점이라는 인식이 자리 잡았다. 이후 백두산을 직접 답사하고 기행문을 남기는 경우도 있었다. 특히 백두산정계비가 세워지면서 백두산과 북방 영토에 관한 관심이 높아지기도 했다. 반면 '조선은 소중화(小中華)'라며 '백두산도 중국 곤륜사(崑崙山)의 한 지맥'이라는 사대주의적 인식도 존재했다.

백두산에 관해서는 신채호(申采浩, 1880~1936)를 주목해야 한다. '민족의 영산'이라는 직접적 표현은 없었으나 그 논리적 근거를 제시한 인물이다. 그는 백두산에 올랐으며 고구려와 발해의 유적지를 돌아보면서 조선상고사를 체계화했다. "삼국사기를 백번 읽는 것보다 만주 지역 고구려 유적지를 한번 돌아보는 것이 마땅하다"며 만주 고토를 찾아다녔다. 1908년 대한매일신보에 연재한 독사신론(讀史新論)에서 "삼국유사의 태백산은 묘향산이 아니라 백두산이며 백두산에서 단군이 탄생했다"는 '단군 탄강지론'을 주창했다. 1909년 나철(羅喆, 1863~1916)은 단군교를 세우고 신채호의 설을 이어받았다. '탄강지론'은 1910년대엔 대종교에서, 1920~30년대엔 동아·조선일보에서 확대 재생산했다. 두 신문사는 경쟁적으로 백두산 탐험대를 조직했다. 강연회, 전시회 등 각종 행사를 개최했다. '탄강지론'은 대중들 사이에 크게 확산됐다. 최남선(崔南善, 1890~1957)은 『백두산 근참기』라는 기행문으로, 권덕규(權悳奎, 1891~1950)는 '조선 역사와 백두산'이라는 강연으로 '탄강지론'을 설파했다. 동아일보 기자로 백두산을 등정했던 민태원(閔泰瑗, 1894~1934)은 백두산의 사진을 환등기로 상영하며 백두산 모험담을 전파했다. 동아일보가 민태원의 강연회를 홍보할 때 '최초로 전개되는 영산의 대신비'라는 제목을 달았다. 이때 '영산'이란 개념을 처음으로 사용된 것으로 추정된다. 영산이란 표현은 조선시대, 대한제국 시기에 쓰인 사례가 없다. 아마도 일본에서 들어온 것 같다. 일본에서는 예부터 3대 영산으로 후지산(富士山), 하쿠산(白山), 다테야마(立山)를 꼽아왔다. 특히 후지산은 일본의 대표적인 영산으로 일컬어졌다. 백두산을 영산으로 칭한 것은 '일본엔 후지산, 우리는 백두산'이라는 대응 논리로 이해된다.

일제강점기, 백두산 주변 봉오동·청산리로부터 들려오는 다양한 승전보는 한인들의 기억에 남았을 것이다. 해방 이후 북한에서는 백두산을 혁명의 고향, 김일성 일가의 항일 성지로 우상화했다. 소위 백두혈통이란 말이 대표적 사례다. 그러나 남한 사람들은 백두산에 갈 수 없게 됐다. 애국가의 백두산은 상상 속의 산, 관념 속의 산이 됐다. 1994년 연길공항에 열리면서 백두산 관광이 시작됐다. 자연스럽게 백두산은 민족의 영산으로 재부상했다. 백두산은 단순한 지리적 표상보다는 역사적 표상으로서의 의미를 더 갖게 되었다. 백두산을 방문하는 것은 통일에 대한 강렬한 염원의 표출이라고 해석될 수 있다. 백두산은 일제강점기와 민족 분단의 상황을 거치면서 '민족의 영산'으로 자리매김하게 됐다. 그러나 민족의 영산은 아직 미완성이다. 분단 조국이기 때문이다. 언젠가 여권 없이 동파코스로 백두산에 가면 좋겠다. 북한 량강도 삼지연시에서 장군봉을 거쳐 백두산 천지에 올랐으면 하는 바람이다. 그날이 오길 간절히 바란다.

거대한 물줄기를 쏟아내는 장백폭포

2024년 광복절, 백두산 천지를 영접한 순간은 아직도 짜릿하다

최고 80도의 백두산 유황온천, 내려오는 길 온천달걀은 필수다.

11.
간도일본총영사관
(日本侵略 延邊 罪證館)

**일본 총영사관의 악행,
스러져간 독립투사들에 대한 체계적 연구가 필요**

용정 시내를 지날 때, 소설 『범도』의 방현석 작가는 '간도일본총영사관(이하 간도영사관)'에 관해 설명했다. 그는 "일제는 중국 전역에 총영사관을 설치했습니다. 특히 한인들이 많이 거주하는 만주 지역에 10개 영사관을 설치했습니다. 간도영사관은 본연의 목적과 달리 중국 침략과 한인 수탈, 항일운동 탄압을 위한 가짜 영사관이었습니다. 일제 경찰과 헌병이 주둔했습니다. 지하엔 반드시 감옥과 고문실을 설치했습니다. 독립투사들을 고문하고 죽이는 공간이었습니다. 간도영사관에 대한 한인들의 분노는 극에 달했습니다. 한인들은 가만히 있지 않았습니다. 1919년, 청년맹호단(靑年猛虎團)이 방화한 적이 있었고, 1922년엔 독립군의 습격으로 전소됐다고 알려졌습니다. 살인강도 집단의 첨병이었던 총영사관의 존재와 선열들의 위대한 투쟁은 우리 역사에 반드시 기록돼야 합니다"

1907년 일제는 '조선인의 생명 재산과 안전보호'를 구실로, 용정에 '통감부 간도 임시파출소'를 두었다. 1909년 9월 일제는 청나라와 '두만강 한·중 경계조항(圖們江中韓界務條款)'을 체결했다. 조약에 근거해 11월 간도영사관을 설치했다. 간도영사관은 1922년 11월 27일 불에 타 소실됐다. 독립군의 습격이 원인으로 알려졌으나 일제는 부인했다. 1926년 일제가 다시 현지 주민을 동원해 건물을 지었다. 간도영사관은 토지가 42,994㎡, 건축면적은 2,503㎡에 달했다. 간도영사관는 연길, 백초구, 훈춘 등에 영사분관 4개와 경찰분서 19개를 설치했다. 연변지역의 부를 미친 듯이 수탈하고 항일 세력과 한인을 감시·탄압·살해하는 악랄한 군경체제를 완성한 것이다. 1937년 일제가 만주를 점령할 때까지 간도영사관은 유지됐다.

1919년 3월 13일, 용정에서 만세 시위가 일어났다. 중국에 이주한 한인들이 처음으로 일제에 저항한 최대 규모의 비폭력 독립운동이었다. 1919년 2월, 독립운동가들은 용정에 있는 박동원(朴東轅, ?~1919)의 집에 모여 만세운동 계획을 구체적으로 논의했다. 북간도 지역에 있는 기독교·천주교·대종교·공교회 등 모든 단체가 참여하기로 했다. 용정을 시발점으로 삼아야 한다는 원칙도 세웠다. 간도영사관이 용정에 있었기 때문이었다. 용정지역 모든 학교 대표가 만세운동에 참여할 방법을 논의했다. 3월 13일 낮 12시, 서전대야 들판으로 모이자는 전갈이 전해졌다. 12시 용정교회당 종소리가 울렸다. 배형식 목사가 개회를 선언하고 김영학(金永學, 1871~1944)이 독립선언서를 낭독했다. 또한 포고문을 낭독하고 연설자들이 무대에 올라 일제의 만행을 성토했다. 만세운동 함성이 천지를 뒤흔들었다. 시위의 최종 목적지는 당연히 간도영사관이었다. 일제는 비무장 한인에게 발포했다. 14명이 사망, 15명이 부상, 30여 명이 체포됐다. '3·13반일의사릉'은 이때 생겼다. 5월 중순까지 총 54회에 걸쳐 만세운동을 벌였다. 당시 북간도 조선인 약 25만 명 중 약 36%에 달하는 약 7만 5천 명이 시위에 동참했다. 천지를 흔들었던 함성은 사라졌고, 용정시 합서리촌 '3·13반일의사릉'만 남아 외롭게 당시를 증언하고 있다.

현재 간도영사관은 건물 일부를 용정시 인민정부청사로 사용하고 있다. 지하 전시관은 용정시 인민정부가 관리한다. '길림성 중점 문물보호단위'이자 '청소년 애국주의 교육기지'로 지정·운영하고 있다. 공식 명칭은 '일본침략 연변 죄증관(日本侵略延边罪证馆)'이다. 전시 내용은 일제가 저지른 만행을 고발하는데 역점을 두고 있지만 15만 원 쟁취사건 등 한인들의 저항도 자세히 설명하고 있다. 이 전시관의 핵심은 '간도대학살(경신대참변)'이다. 간도대학살은 일제 괴수들이 저지른 추악한 집단 살인 현장이었다. 마치 '남경대학살'의 예행연습이었다. 일제가 얼마나 잔혹하게 연변지역을 억압했는지, 연변 한인들이 얼마나 큰 고통을 겪었는지 보여 주고 있다. 특히 지하 고문실에는 여러 가지 고문 장면을 생생하게 재현해 놓았다. 전시관 팸플릿의 원문 일부를 소개한다. 이것을 읽어 보면 일제 만행의 단면을 살펴볼 수 있다.

"간도일본총령사관은 외교기관의 허울을 쓰고 연변과 동북에 대한 침략을 획책한 책원지였으며, 연변 인민들의 항일투쟁을 탄압한 죄악의 소굴이었다. 1910년 한일합병 이후 조선의 수많은 반일투사들이 연변으로 들어와 반일투쟁고조를 일으켰다. 이에 질겁한 일제는 1920년에 300여 명의 경찰을 증파하여 각지 경찰기구를 강화하는 한편 '경신년 대참변'을 조작하여 적수공권인 무고한 조선족들과 반일투사들을 잔인무도하게 학살하고 방화하며 간음하는 천추에 용서못할 만행을 저질렀다. 일제는 간도총령사관 건물에 지하고문실과 감방을 설치하고 전기취조, 채찍, 집게, 참대꼬챙이, 고추가루물 등 형구로 항일투사와 군중들에게 잔인무도한 형벌을 감행했다. 룡정일본총령사관건물 지하고문실에서 피해받은 사람은 무려 4천여 명이나 되였으며…1937년 12월 폐관될 때까지 항일지사 및 무고한 백성 2만여 명이 체포되어 박해 내지 살해되였다"

일본영사관은 19세기 후반, '일본공사관'이란 이름으로 우리 역사에 등장했다. 1882년 6월, 임오군란 때 조선 군인들이 일본공사관을 공격했다. 일본인 3명이 죽었고 일본공사는 겨우 도망쳤다. 1895년 2월, 동학농민혁명 전봉준(全琫準, 1855~1895) 장군이 체포됐을 때, 한성일본영사관(현 서울 중부경찰서)으로 압송돼 조사를 받은 적이 있다.

중국 전역에 걸쳐 일본 총영사관은 일본 제국주의의 첨병이었다. 몇 가지 예다. 1909년 침략 원흉 이토를 격살한 안중근 참모중장은 '하얼빈 일본총영사관'에 구금됐다. 그곳에는 1931년 서로군정서 참모장 출신 김동삼(金東三, 1878~1937), 1933년 일본총영사관 암살미수 사건의 남자현(영화 '밀정'의 전지현 역할) 등 수많은 독립운동가가 체포·수감됐다. 의열단 김원봉의 동지였으며 「광야」란 시로 널리 알려진 이육사(李陸史·二六四, 1904~1944)는 베이징 일본총영사관 지하감옥에서 순국했다. 안창호와 함께 신민회를 설립했고 안중근 거사의 조력자 이강(李剛, 1878~1964)은 1928년 중국 남부 샤먼 일본영사관에 수감됐다. 상해 일본총영사관 경찰은 1927년 4월 안창호, 1927년 9월 조봉암(曺奉岩, 1899~1959), 1929년 4월 여운형(呂運亨, 1885~1947), 1933년 7월 박헌영(朴憲永, 1900~ 1955) 등 임시정부와 의열단, 공산당 단체 등의 중심인물 체포해 조선총독부로 압송했다. 1936년 3월 상해총영사관을 습격했던 맹혈단(猛血團)을 체포, 6월 서울로 압송했다. 맹혈단은 김구가 조직한 비밀결사 조직으로 일제 기관 파괴, 일제 요인과 밀정 처단, 독립자금 모집 등을 수행했다. 오면직(吳冕稙, 1894~1938), 김창근(金昌根, 1902~1938), 한도원(韩道源, 1906~?)과 김승은(金胜恩, 1915~?) 4명은 조선총독부에 이송된 후, 오면직과 김창근은 사형을 언도받고 1938년 5월 16일 평양형무소에서 순국했다.

당시 한인들은 총영사관의 무도한 만행에 당하고만 있지 않았다. 독립군은 중국 도처에서 일본총영사관을 공격했다. 1924년 4월 8일, 유기동(柳基東, 1891~1924), 김만수(金萬秀, 1892~1924), 최병호(崔炳浩, 1903~1924) 등은 일본 경찰 10여 명을 사살하고 현장에서 순국했다. '3 의사 하얼빈 혈전'으로 알려진 사건이다. 일본과 중국 경찰에 포위된 상황에서 하얼빈 총영사관 고등경찰부장 쿠니요시를 단총 한 방으로 처단했다. 15년 전 안중근 참모중장을 기억하게 한 사건이었다. 1930년 5월 1일 허형식의 주도로 '메이데이' 항일시위 때 그곳을 습격한 적도 있었다. 1930년 5월 30일, 경남 마산 출신의 여전사 김명시(金命時, 1907~1949)가 이끄는 300여 명의 독립군 부대가 '하얼빈 일본총영사관'을 습격했다.

1926년 4월부터 임시정부의 비밀결사 병인의용대(丙寅義勇隊) 소속 김광선(金光善), 김창근(金昌根, 1902~1938), 곽중선(郭重善, 1907~1935), 이수봉 등이 상해 일본총영사관에 세 차례 폭탄을 투척하기도 했다. 편강렬(片康烈, 1892~1929)이 주도했던 의성단(義成團)은 1923년, 봉천 일본영사관을 습격, 시가전으로 확대됐다. 일본 경찰 17명을 죽이고 유유히 사라졌다. 그들은 장춘 일본영사관을 습격, 7시간에 걸치는 교전 끝에 일본군 60여 명이 사상당했다.

일제는 중국 전역에서 총영사관을 거점으로 삼고 한인들을 탄압하고 재산을 약탈했다. 영사관이라고 간판을 걸어 놓고 지하에서는 고문, 살인이 난무했다. 그곳은 지옥이었고, 악마들의 공간이었다. 독립운동사에서 잊히면 안 되는 공간이다. 연변대학교 교수들, 일본 학자들의 논문이나 저서가 있긴 하지만 한국 독립운동사에 파편적으로 존재할 뿐이다. 얼마나 많은 독립투사가 그곳에서 희생당했는지 어떻게 한인들을 약탈하고 학살했는지 체계적인 연구가 필요하다. 희생당한 선열들께 죄송한 마음이다.

간도총영사관기념관 지하 공간(감옥과 고문실),
밀랍인형으로 고문장면을 재현하고 있다

용정 3·13 반일의사릉(독립기념관)

하얼빈 총영사관 입구, 의거 직후 안중근 참모중장
(안중근의사기념사업회)

12.
연변지역의 변화와
윤동주 생가

윤동주 고향 명동촌, 중화주의 교육 선전장 활용 '애석'

1992년 한·중 수교 이후, 한국인이 역사와 기억을 찾아 연변지역을 방문하기 시작했다. 당시 연변 조선족 자치주(이하 '연변주')는 관광자원 개발에 한국인을 주 고객으로 삼았다. 특히 용정은 역사적으로 항일운동의 핵심 도시이자 조선족의 대표 도시다. 가곡 '선구자'의 도시로 한국인에 익숙한 유적이 많다. 또한 2008년, 용정시 정부는 이런 특성에 착안해 15만 원 쟁취사건 유적지, 일송정, 해란강, 명동촌 등을 '민족민속문화관광코스'로 만들었다. 여기에 간도일본총영사관 전시관, 3·13 반일의사릉, 주덕해(朱德海, 1911~1972, 연변주 주장 역임)동지의 옛집 등을 중국공산당 역사로 포장해 '홍색관광코스'로 추가했다.

최근 10년 동안 연변주 관광에 큰 변화가 있었다. 우선, 중국이 추진하고 있는 백두산 관광정책의 영향으로 주 고객이 중국인으로 바뀌었다. 현재 연변주를 찾는 관광객 중 외국인의 비율이 2%라고 하니 정책 효과가 확실하다고 할 수 있다. 중국은 정부 차원에서 '장백산 문화건설 공정'을 강력히 추진하고 있다. '동북 진흥 전략', '장길도 개발 개방 선도구 개발계획'이 대표적인 예다. 중국은 백두산을 중국 역사·문화로 귀속하고 백두산에 대한 정치·경제적 주도권을 확보했다. 이미 백두산은 '중화 10대 명산'이며, '중국 국가급 5A 여행 구역'으로 중국인들에게 사랑받는 산이다. 또한 중국은 백두산과 더불어 압록강-두만강 변경 지역의 문화관광자원의 활용을 극대화하고, 북한과 러시아를 연계한 초국경 관광산업의 증진에도 힘을 쓰고 있다.

두 번째, 동북 3성의 교통혁신은 관광정책 변화의 모멘텀을 제공했다. 2015년, 장춘과 훈춘을 연결하는 장훈고속철도가 개통됐다. 또한 연변주의 8개 현과 시를 연결하는 고속도로도 연결됐다. 교통혁신은 중국 일대일로 전략을 촉진하고 백두산과 두만강 구역 합작개발을 이끌어가는 '새로운 엔진'이 됐다. 코로나19 이후, 항공을 통한 연길지역 관광 활성화 정책도 효과를 내고 있다. 연변라지오TV넷(2024.09.11.)에 의하면 "7월부터 8월까지 연길공항은 2,650편의 리·착륙과 연 39만 1,940명의 려객 흐름량을 보장했다. 부단히 갱신된 데이터는 연변경제의 강력한 회복세를 반영할 뿐만 아니라 연길공항이 동북아 중요 지역으로의 문호 공항, 지역 경제발전의 중요한 동력원"이라고 보도했다. 최근 연길시 정부는 "2023년 상반기 관광객 409만 9,000여 명을 맞아들였는데 이는 동 시기 대비 386% 늘어난 셈이며, 관광 수입은 55억 4,200만 원을 실현해

동 시기 대비 678%나 크게 늘어났다"고 밝혔다. '도로+고속철도+항공'의 교통혁신은 관광뿐만 아니라 물류 유통, 소득 증대 등 다양한 분야에서 긍정적 효과를 나타냈다.

세 번째, 한류의 영향이다. K-Culture의 세계적 확산은 중국에도 큰 영향을 주었다. 특히 연길은 한류의 영향으로 중국 관광도시 12위 권내로 진입했다. 연길은 거점 관광지로서 백두산, 용정, 훈춘, 도문 등 연변주 전체를 아우르고 있다. 한류의 간접체험지로서 높은 평가를 받고 있다. 중국인들을 대상으로 연길에 대한 인상을 조사한 결과, '조선족 전통 복장은 색상이 너무 아름다워 분위기가 남다르다', '연길에는 맛집이 너무 많다. 또다시 오고 싶은 도시이다', '전통과 현대가 한데 어우러져 있어서 신기하다' 등 전반적으로 좋은 평가가 많았다. 한국보다 접근성이 좋고 비용이 적게 들기 때문에 한류는 연변주 관광 활성화의 밑거름이 됐다.

범도루트 일행은 윤동주의 고향 명동촌(明東村)으로 향했다. '명동촌'은 용정에서 서남쪽으로 15㎞ 떨어진 곳에 자리하고 있다. 마을 입구에는 중국 전통 대문 양식의 패방(牌坊)이 세워져 있었다. 붉은 기둥에 지붕을 올린 형태다. 기둥에는 흰 글씨, 한글과 한자로 '중국 조선족 교육 제1촌'이라고 명동촌을 소개하고 있었다.

1899년 2월 18일 함경북도 회령 출신 김약연(金躍淵, 1868~1942)은 문치정(文治政), 남위언(南葦彦), 김하규(金河奎), 이듬해 윤하현(尹夏鉉)까지 다섯 가문이 이주해 명동촌을 형성했다. 그들이 맨 먼저 한 일은 서당을 여는 것이었다. 각 가문의 서당을 중심으로 1,000

세대에 달하는 한인촌을 이끌었다. '빛을 잃은 나라를 밝히는 마을'이라는 의미로 명동촌으로 명명했다. 교육사업을 위하여 자신들이 가지고 있는 토지 중 10%를 공동으로 관리했다. 그것을 학전(學田)이라고 불렀다. 학전은 1930년대에는 8만 평으로 증가했다고 하니 그들의 진심을 읽을 수 있다. 마을을 개척한 지 10년이 되는 해, 김약연은 명동학교를 설립했다. 각 가문에서 운영해 오던 서당들을 통폐합해 근대적 교육기관을 세운 것이다. 명동학교는 서전서숙의 건학이념과 교육과정을 도입해 신학문을 가르쳤다. 명동학교는 개교와 동시에 간도 일대에서 독보적인 한인 학교로 자리 잡았다. 재학생만 수백 명에 이를 정도로 규모도 하루가 다르게 커졌다. 여학생을 위한 교육과정도 따로 개설했다. 당시 여자아이들은 이름조차 없었던 현실과 비교할 때, 명동여학교의 설립은 그야말로 획기적인 일이었다. 명동촌은 독립운동의 명실상부한 근거지였고 1910~1920년대 북간도 지역 한인의 문화교육운동 중심지였다. 15만 원 쟁취 사건의 최봉설은 "철혈광복단의 본부가 명동에 있었다"고 했다.

 명동학교는 대단한 생명력을 가진 학교였다. 1920년 10월, 일제는 명동학교를 불태웠다. 1921년 2월부터 명동교회 예배당에서 학생들을 가르쳤다. 1921년 2월 27일 자 '동아일보'는, '昨春 兵火에 燒失된 間島明東校의 復興, 이전 독립운동자의 양성소, 최근에 다시 부활되얏다고'라는 기사를 통해 명동학교의 건재함을 알렸다. 1922년 6월에 벽돌 강당이 건축된 데 이어, 1923년 6월에는 강당에 교실 5칸이 갖춰진 새 교사를 마련하기에 이르렀다. 명동촌 주민들은 온갖 어려움을 이겨내고 명동학교를 재건했다.

1929년 11월, 광주학생독립운동의 영향으로 북간도 지역 학생들도 시위에 나섰다. 명동학교도 적극 동참했다. 1929년 11월 26일, 화룡현의 약수동학교, 용평학교, 신흥학교의 학생들과 연합하여 동맹휴학을 단행하고 광주학생운동을 지지하는 최초의 시위를 전개했다. 학생들은 "일본제국주의는 물러가라" "조선광주학생운동을 지지한다"라는 구호를 외치며 시위했다. 이를 계기로 시위는 대규모로 확산됐다. 1930년 1월에는 대립자 현립 1교와 명동학교의 학생들도 시위를 벌이다 경찰에 체포당했다. 학생들의 항일시위는 2월까지 이어졌는데, 약 170명이 간도일본총영사관 경찰에 체포되기도 했다.

1930년에는 중국인 교장에 의해 강제 폐쇄당하기도 했으나 5개월 뒤 재개교하는 등 우여곡절을 겪었다. 1935년, 명동학교 학생 수가 약 300명에 달했다고 한다. 1936년 4월 27일 명동학교 창립 제27주년을 맞이해서 교정에서는 기념식이 성대하게 열렸다. 무려 5천여 명이 모여 운동회도 열렸다. 1936년 5월 2일 자 동아일보는 "和龍明東學校 創立二十七週年 運動會도 開催"라는 기사를 내보내기도 했다.

윤동주, 송몽규 생가에 도착했다. 입구에는 '중국 조선족 유명시인 윤동주 생가'라는 큰 표지석이 있다. 연변주에서 '중점문화재보호단위'로 관리하고 있다는 붉은 글씨의 표식도 있었다. 한인 윤동주가 중국 시인인가? 화가 치밀기도 했다. 생가 입구에는 '하늘과 바람과 별과 시' 시비도 있었다. 생각보다 넓은 생가터였다. 들어서자마자 조그만 주막에선 북한산 대동강맥주를 팔고 있었다. 들어가다 보면 오른쪽에는 명동교회, 왼쪽 멀리 전시관이 된 명동학교 교사, 안쪽으로 좀 더 들어가면 윤동주 생가가 있었다. 여러 군데 시비가 즐비했다. 최근에 만든 시비는 중국어가 앞에 표기되기도 했다.

명동학교 교사는 전시장으로 쓰이고 있었다. 김약연 선생으로부터 태동한 명동촌의 역사와 윤동주, 송몽규에 관한 기록을 전시하고 있었다. 후쿠오카 감옥에서 생체실험 당하는 윤동주의 모습이 밀랍인형으로 재현되고 있었다. 윤동주의 마지막을 상상할 수 있었다. 이유는 모르지만, 송몽규 생가는 들어갈 수 없었다. 김약연이 살았던 고가는 '위험주택'이라는 안내판이 설치돼 있었다. 복원된 명동교회 앞에서 단체 사진도 찍었다.

주차장으로 나가는 길, 화려한 백일홍꽃밭이 조성됐다. 명동촌은 윤동주와 그의 친구 송몽규, 문익환의 고향이다. '연길항일감옥투쟁'의 영웅 김훈, '쟁취15만 원 사건'의 박웅세와 김준, 영화 '아리랑'의 나운규 또한 이곳 출신이다. 무장독립전쟁 영웅들의 고향이자 근거지 명동촌, 이제 중국의 관광코스다. 중국은 한인들의 항일 유적지를 중심으로 중국 전역의 일제 침탈 유적지를 '애국주의 교육기지'로 선정했다. 우리의 항일 유적지마저 중화주의 교육과 선전 활동에 활용하고 있었다. 살아서는 나라를 잃고 고향을 떠나야 했던 선열들의 아픔을 다시 한번 확인하는 공간이었다.

윤동주 생가 내 서시 시비, 중국어를 위에 한글은 아래에 배치했다

명동촌 입구, 중국 전통 대문인 패방(牌坊)으로 세워졌다.

1942년 여름방학 윤동주(○)와 송몽규(△)의 마지막 고향 방문, 명동학교 친구들과 함께(독립기념관)

중국 조선족 유명시인 윤동주생가

1918년 4월 19일 새로 건축한 북간도 명동학교, 낙성연과 7회 졸업식 기념사진(독립기념관)

13.
영원한 원칙주의자
군인 김학철

편안히 살려거든 불의를 외면하라.
그러나 사람답게 살려거든 그에 맞서라

조선의용군 추모가

작사 김학철, 작곡 류신

사나운 비바람이 치는 길가에

다 못 가고 쓰러지는 너의 뜻을

이어서 이룰 것을 맹세하노니

진리의 그늘 밑에 길이길이 잠들어라

불멸의 영령

연길 한 호텔 만찬장이다. 김학철(金學鐵, 1917~2001, 본명 홍성걸)의 아들 김해양(76세)의 짧은 강연이 있었다. "나의 아버지 김학철은 함경남도 원산에서 태어났습니다. 그는 김원봉의 의열단과 조선의용대원으로 무장독립전쟁에 참여했습니다. 1941년 중국공산당의 팔로군과 함께 태항산 호가장 전투에 참여했습니다. 왼쪽 다리에 총상을 입어 일본군의 포로가 됐습니다. 일본으로 압송돼 치안유지법 위반으로 10년 형을 선고받았습니다. 수인번호 1454, 일제는 전향서를 쓰면 다리를 치료해 주겠다고 했습니다. 그는 회유에 굴하지 않았습니다. 나가사키 형무소에서 썩어가는 다리로 고통 속에서 3년 반을 버텼습니다. 1945년 2월 히로타 요츠쿠마가 수술을 집도해 다리를 절단했습니다. 잘린 다리는 나가사키 형무소 어딘가에 묻혔습니다. 나중에 아버지가 일본에 초청되어 갔더니 일본 신문엔 '자기 무덤을 찾아온 전사'라는 기사가 나기도 했습니다. 일제 패망 후 남에서는 박헌영에게 실망했고 우익들로부터는 살해 위협을 받았습니다. 북으로 간 것은 월북이 아니라 부득이한 탈남(脫南)이었습니다. 북에서는 노동신문에 '건설을 누가 파괴하는가'라는 논설을 실었습니다. 김일성의 일인 독재를 강하게 비판했습니다. 하지만 그 대가는 가혹했습니다. 영원히 조국을 떠나야 했습니다. 나의 아버지는 연변에서 소설을 쓰며 살았습니다. 중국에선 모택동의 일인 독재와 우상숭배, 왜곡된 사회주의 건설을 비판했습니다. 편안한 삶보다는 원칙을 지켰습니다. 반동으로 몰려 10년 징역에 총 24년 강제노역을 겪어야 했습니다. 그는 일제에는 총으로, 독재에는 펜으로 저항하며 20세기 불의의 시대와 끊임없이 싸웠습니다. 남과 북, 중국의 권력이 모두 버린 조선의용군의 마지막 분대장이었습니다. 모택동을 비판한 『20세기의 신화』에 대해 무죄 선고를 받고 복권된 것은 1980년입니다. 65세의 김학철은 초인적으로 정열로 300여 편의 수필과 소설을 남겼습니다" 김해양은 아버지 김학철을 기억하고 있는 범도루트 대원들에게 감사를 표시했다.

2015년 3·1절에 방영된 SBS 특집 다큐멘터리 '나의 할아버지, 김학철-조선의용대 최후의 분대장'을 접했다. 영상자료를 통해 그를 만날 수 있어 영광스러웠다. 다큐멘터리에 나오는 김학철의 육성을 중심으로 몇 장면을 글로 옮겼다.

#1 무장한 일본군의 얼굴을 보지도 못한 분들이 독립운동가로
행세(한국에서 마지막 강연, 2001.06.04. 밀양시청)

"우리 조선의용대가 일본을 반대해서 싸운 것은 미미했지만 잘한 일이라고 생각합니다. 그러나 해방 후에는 역사가 이렇게 잘못 만들어졌습니다. 밀양 출신 석정 윤세주(尹世胄, 1901~1942) 선생님은 항일전쟁 시기에 전사까지 했습니다. 병사하신 게 아니에요. 그리고 김원봉 선생은 우리를 전부 지도하셨고, 북에서 비참하게 끝을 마치셨습니다. 저는 1950년대부터 인권운동가로 변신했습니다. 독립운동하고 전혀 관계가 없습니다. 한국에 나온 지는 한 10여 년 됐는데, 일부 독립운동가들을 만나보니까, 어떤 분들은 전선에 나가보지 않아서 무장한 일본군의 얼굴도 보지 못한 분들이에요. 그 무장한 일본군의 얼굴을 보지도 못한 분들이 계속 독립운동가로 행세하고 있더라고. 그러니까 재탕, 삼탕, 몇십 년 동안 우려먹고 있더라고. 그것을 보고 대단히 실망했습니다"

#2 치료해달라는 게 아니라 잘라만 다오.

"내가 총을 맞았는데 뼈를 맞았거든, 뼈를 맞으니까 꼼짝 못 하는 거야, 이게 곪아서 고름이 나오지. 치료해 달라니까 안 해줘. 너는 비국민이다. 비국민이라는 게 반역자들이다. 치료해달라는 게 아니라 잘라만 다오. 그러니까 그 녀석이 뭐라 그랬느냐 하면 먼저 할 일이 있지 않느냐, 사상부터 정리를 해야 되지 않느냐, 그러니까 전향서만 하나 내라. 그래야 치료해 주겠다. 그래야 해 준다"

#3 이번에 죽으면 무덤이 두 개나 되는 셈이야.

"하루는 일본 간수가 오더니 '야, 네 다리 보겠냐?' 그랬거든, 이놈이 (잘린 다리를) 새끼줄에 매서 들고 왔어. 완전히 백골화됐는데 발가락이 다 있어, 이 무릎관절까지 다 있어, 그게 어떻게 다 붙어 있더라고. 그런데 백골은 백골인데, 빗물이 들어가 썩어서 거뭇거뭇해, 여기 좀 거뭇거뭇한데. 이놈이 내 다리라고 하지 뭐, 그거 보고 너무 기가 막히는 거야. 그걸 도로 묻었는데, 난 내 다리 내 백골을 봤어(웃음). 잘린 다리는 일본 감옥에 묻혀 있어. 그러니 나는 이번에 죽으면 무덤이 두 개나 되는 셈이야. 허허"

#4 백성 3천만 명을 굶겨 죽이더라고, 이게 공산당이야?

"중국에 와서 저는 모택동을 굉장히 신앙했어요. 과거 항일전쟁 때부터. 가서 들여다보니까 그놈이 그놈이더라고. 똑같아요. 아침부터 밤까지 위대한 영수 만세! 붉디붉은 태양 만세! 만수무강! 이것만 외치는데. 백성 3천만 명을 굶겨 죽이더라고. 3천만 명. 이게 공산당이야? 공산당이 이런 거야? 그래서 제가 『20세기의 신화』를 썼습니다. 그 소설을 써가지고 모택동과 김일성은 자살로 인민 앞에 사죄해야 된다. 이걸 썼습니다"

#5 일당 독재는 1인 독재야. (서울 떠나기 전 마지막 인터뷰)

"(사회주의 중국이나 북한은) 그동안에 잘못해서 그런 거야. 시행착오야. 시행착오를 해서, 개인숭배를 하고 이러니까 되겠어? 20세기에 공산주의자들이 뼈아픈 경험을 했어. 얼마나 많은 피를 흘리고 대가를 치렀어? 이제 다음 세대에 가면 다시는 그런 형태가 나오지 않아. 첫째 프롤레타리아 독재라는 말이 없어져야 해. 프롤레타리아 독재는 일당 독재고, 일당 독재는 1인 독재야. 이건 20세기의 뼈아픈 경험이야. 다수당제 가운데에서 공산당이 잘해서 정권을 쥐면 쥐는 거고 놓치면 놓치는 거고. 이러면서 의회 투쟁, 국회에서 투쟁해 나가야지. 뭐 죽이고 하는 것은 안 돼"

#6 원산 앞바다, 고향으로 돌아갈 거야. (연변에서 SBS 마지막 인터뷰)

"문제는 반독재, 내 일생은 반독재(투쟁)로 끝나는 거야. 내 생각은 우리 젊은이들이 나라를 생각하는 마음을 가지고 일들 좀 잘 해주길 바래. (가쁜 숨을 내쉬면서) 나는 굶으면, 절식을 하면 열이틀이면 죽을 줄 알았더니 좀 더 가는가 보다. 할 수 없지. 며칠 좀 늦어져도 할 수 없다고. 조용히 떠날 거야. 그래서 두만강으로 해서 우리 고향 원산 앞바다, 원산 앞바다로 갈 거야. 고향으로 돌아갈 거야 (거친 숨을 쉬면서) 하려면 얘기가 긴데 숨이 짧아서 얘기를 못하겠다. 이걸로 끝내 줘, 고마워. 다시 만나자"

소설 『범도』의 작가 방현석은 김학철의 인생에 대해 이렇게 설명했다.

"그는 일제강점기, 해방된 남한, 사회주의 북한과 중국, 어디에서도 약자와 진실의 편에 섰습니다. 그는 이디에서도 환영받지 못했습니다. 그에게 돌아온 것은 오직 핍박뿐이었습니다. 그는 한 번도 지조를 꺾지 않으셨고 올곧은 삶을 살았습니다. 그는 전 생애를 레지스탕스로 일관했습니다. 죽는 순간까지 자신이 신봉한 사회주의 정신을 지키며, 약자와 진실의 편에서 현역 인권운동가로서 싸우기를 멈추지 않았습니다. 주변 지인들의 권유에도 한국 독립유공자 신청을 하지 않았습니다. 오직 조선의용대의 마지막 분대장으로 남고자 했습니다"

죽음을 준비하고 실행했던 그의 모습은 너무도 비현실적이다.

그러나 현실이었다. 2001년 6월 서울의 한 병원에서 의료사고로 식도가 파열됐다. 치료를 거부하고 중국으로 돌아갔다. 21일 동안 단식하며 죽음을 준비했다. '황포군관학교가'와 자신이 작사한 '조선의용대 추모가'를 들으며 영면에 들었다. 63년 전 조선의용대에 입대하던 당시와 똑같은 모습, 삭발하고 의용대 군복을 입었다. 그는 역시 '조선의용대'였고 '군인'이었다. 그의 유언은 짧고도 강렬했다.

"편안히 살려거든 불의를 외면하라. 그러나 사람답게 살려거든 그에 맞서라"

그의 유해는 우편용 종이 상자에 담겨 두만강에 띄워졌다. 가장 오래 살아남은 '조선의용대 마지막 분대장' 김학철, 조선의용대는 일본군과 실제 전투를 벌인 무장독립단체다. 하지만 남과 북 어느 쪽에서도 그 사실은 역사에 제대로 기록하지 않았다. 남에서는 사회주의 노선을 선택했다는 이유로, 북에서는 김일성 우상화에 걸림돌이 된다는 이유였다. 권력이 역사를 감추고 외면한다고 해도 역사의 진실은 사라지지 않는다. 남과 북의 정권이 그를 거부한 것은 그의 원칙이 옳았기 때문이다. 김학철을 기억해야 하는 이유다.

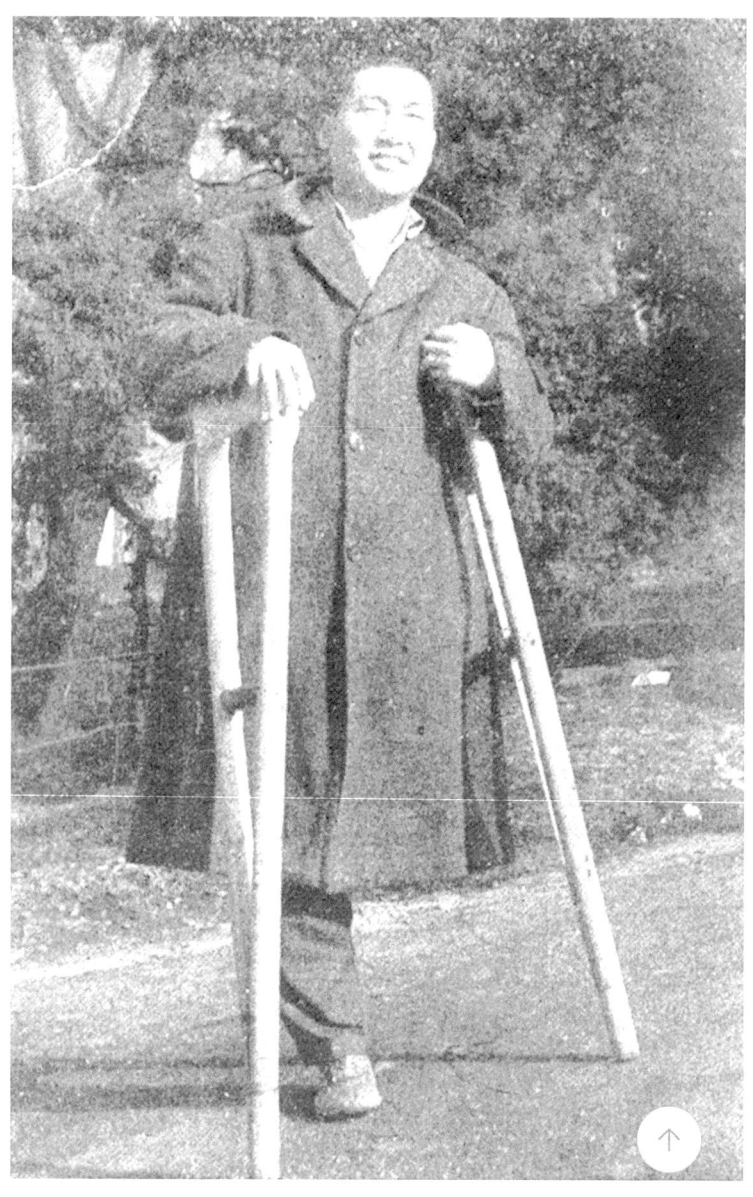

1945년 나가사키 감옥에서 석방된 김학철 선생(김해양 선생 제공)

김학철 선생 생전 모습(김해양 선생 제공)

14.
안중근 참모중장
하얼빈 기념관(安重根義士紀念館)

나라를 위해 몸 바치는 것이 군인의 본분이다

　범도루트 일행은 하얼빈으로 이동하기 위해 '연길서역(延吉西驛)'으로 갔다. 한옥 모양의 지붕이 인상적이다. 상당히 큰 역사다. 입구부터 혼잡하고 시끄럽다. 탑승자의 이름이 기차표에 적혀있어 표를 나누는 것부터 복잡하다. 역사에 들어가려면 보안검색대를 통과해야 한다. 그 과정에서 담당자가 가방을 열라고 하면 열어야 한다. 복불복이다. 역 내부는 조선족자치주의 특성이 엿보였다. 우리 민족의 전통 혼례 복장과 전통악기를 전시해 놓은 공간이 있었다. 여기저기 한글 광고도 많았다. 가이드 선생은 "중국인들의 새치기를 대비해 앞사람과 뒷사람의 공간이 없어야 합니다"라며 신신당부다. 우리는 촘촘한 대형을 갖추고 대비했다. 개찰 시간이 되자마자 우리의 노력은 무위로 돌아갔다. 중국인들은 새로운 오와 열을 형성해 밀고 들어왔다. 순식간에 대형은 붕괴되고 말았다. 고속열차를 타는 과정에서도 똑같은 경험을 했다. 하마터면 기차를 놓칠 뻔했다. 중국인들은 상술만 최고인 줄 알았는데, 새치기는 기네스북감이라고 생각했다.

고속철도 허셰호(CRH/和谐号)를 타고 4시간, 광활한 만주벌판을 달렸다. 기차 안에는 판매원이 간단한 식음료를 팔기도 하고 식당칸도 따로 있었다. 한국에서 가져간 소주와 중국 맥주의 하모니는 환상적이었다. 중간에 '부여역(扶餘驛)'이 있었다. 국사 시간의 '부여', 여기인가? 반갑기도 했다. 어느덧 '하얼빈서역(哈尔滨西驛)'에 도착했다. 하얼빈은 헤이룽장성(黑龙江省)의 성도(省都)다. 여진족 언어로 '그물을 고치는 곳'이란 뜻이다. 19세기 말 러시아가 조성한 도시다. 러시아식 성당인 '소피아성당'이 랜드마크 중 하나다. 인구 1,000만 명 이상으로 중국 10대 도시에 속한다. 백두산에서 발원한 송화강엔 조명을 밝힌 유람선도 많았다. 남녀노소 수영하기도 했다. 활기차고 평화로운 광경이었다. 강변엔 고층빌딩이 즐비했고 '태양도'라는 하중도엔 놀이동산도 있다. 그곳으로 오가는 케이블카도 분주했다. 한겨울엔 세계적인 빙등축제가 열리는 곳이다. 늦은 밤엔 호텔 근처에 '중앙대가'를 걸었다. '불금'은 세계 공통인 듯, 하얼빈 사람들 모두 이 거리로 나온 듯했다. 인파에 밀려 걷기도 힘든 지경이었다. 중국에 부자가 많다더니 곳곳 명품상점에 사람들도 많았다.

하얼빈에서는 '안중근 의사 기념관', '인민음악가 정율성 기념관', '일본군 731부대 죄증 진열관'을 둘러볼 계획이다. 안중근 의사 기념관으로 가는 도중 소설 『범도』의 작가 방현석의 강의가 시작됐다. 안중근은 '의사'로 부르지 말고 '참모중장'이라는 부르자는 것이다. "안중근 참모중장을 '안중근 의사'라고 불러서는 안 됩니다. 그는 1908년 6월 대한 의군 우영장으로 국내진공작전을 이끌었습니다. 그는 대한 의군 참모중장으로서 적의 수괴 이토 히로부미(伊藤博文, 이하 '이토')를 격살했습니다. 특수작전을 완벽하게 수행한 군인이었습니다. 이토를 격살하고 난 뒤, 일제의 조사와 재판 과정에서도 '나는 대한 의군의 참모중장으로서 독립전쟁을 하여 이토를 죽였고 또 참모중장으로서 계획한 것인데, 지금 일본 법원 공판정에서 심문받는다는 것은 잘못된 일이다'고 말했습니다. 전쟁 중에 붙잡혔으니 만국공법에 따라 포로로 취급하라는 주장이었습니다. 그는 참모중장으로 모든 것을 자신이 구상하고 결행한 것이라고 주장했습니다. 동지들을 살리기 위한 것이었습니다. 우리가 안중근을 참모중장으로 불러야 하는 이유입니다"

"우리는 결단코 안중근을 '의사'라 호명한 친일정권의 명명을 받아들여서는 안 됩니다. 그가 형장으로 끌려가기 직전 마지막으로 남긴 유묵은 '爲國獻身軍人本分(위국헌신 군인본분), 나라를 위해 몸 바치는 것이 군인의 본분이다'였습니다. 그는 군인으로 임무를 완수했고, 철저한 군인으로 최후를 마쳤습니다. 누가 감히 안중근 참모중장을 의사라 부르는가? 그건 군인으로 살고 군인으로 죽은 그에 대한 능멸입니다. 저와 범도루트 대원들이 그를 '안중근 참모중장'이라 쓰고 부르게 된 것만으로도 자랑스럽고 든든합니다. 작은 보람을 느낍니다." 범도루트 대원들은 안중근을 참모중장으로 부르기로 했고, 하얼빈과 뤼순을 담당하는 가이드 선생도 "저도 방현석 교수의 영향을 받아 안중근을 참모중장이라 부르고 있습니다"라고 했다.

하얼빈 안중근 기념관은 2019년 3월 30일 이곳에 재개관했다. 기념관의 특장점은 안중근 참모중장(이하 '안중근')이 이토를 격살한 역사적 현장에 입지했다는 점이다. 2013년 6월 베이징 한·중 정상회담 때 박근혜 당시 대통령이 "하얼빈역에서 안 의사의 거사 장소를 알 수 있도록 해 달라"고 요청했다. 여기에 시진핑 중국 국가주석이 수락해 2014년 1월 19일 개관했다. 이 과정에 한국 여배우 송혜교와 서경덕 교수의 숨은 공헌이 있었다는 것도 널리 알려진 사실이다. 하얼빈역사를 확장하면서 잠시 다오리(道里)구 안성(安昇)거리로 이전했다가 재개관했다. 면적도 기존 기념관의 두 배 규모로 늘어났다.

기념관은 역 뒤편 광장에서 들어갈 수 있다. 외벽 동판엔 '안중근의사기념관(安重根義士紀念館)이라고 깔끔하게 표시돼 있다. 입구에 들어서면 안중근의 전신 동상이 세워져 있다. 빛을 형상화한 은빛 장식이 동상 주변을 감싸고 있다. 위에는 거사 시간 9시 30분에 고정된 원형 벽시계가 있다. 기념관 서언 중 일부를 소개한다. "1909년 10월 26일 오전 9시 30분, 조선반도에서 온 항일의사 안중근이 할빈 기차역에서 당시 일본 추밀원의장 이토 히로부미를 격살한 사건은 세계를 경악케 하였다. 할빈 지방사에 중대한 역사 사건으로 기재된 이 장거는 당시의 일제침략항쟁과 반파쑈투쟁에 심원한 영향을 끼

쳤다. 주은래 총리는 '중일 갑오전쟁 이후 본 세기 초, 안중근이 할빈역에서 이토 히로부미를 격살하였다. 양국 인민이 일본제국주의를 반대하는 공동투쟁은 이때부터 시작되었다'고 평가하였다" 주은래의 언급을 적시한 것은 중국 정부가 안중근을 어떻게 생각하는지를 보여주는 대목이다.

기념관은 안중근 가계도로 가문을 소개하는 것으로 시작된다. 부친 안태훈과 모친 조마리아의 사진도 전시됐다. 독립운동을 중심으로 그의 생애와 사상, 거사 및 뤼순(旅順) 감옥에서의 순국 과정 등을 알 수 있다. 마치 안중근의 생애사 박물관과 같다.

안중근이 집을 떠나며 지은 시다.

사나이 큰 뜻 품고 타국으로 떠나가니
살아서 성공 못하면 죽어서 돌아오지 않으리
유골을 구태여 선조의 무덤 옆에 묻으랴
세상엔 가는 곳마다 청산이 무진한데

독립을 위해 목숨을 바치고 형장에 이슬로 사라지는 자신의 미래를 미리 알고 있었던 것일까?

안중근의 인생에서 '일본군 포로 석방'은 중대한 사건이다. 그는 1907년 연해주에서 의병부대 창설 준비단체인 동의회(同義會)를 조직하고 최재형을 회장으로 추대했다. 동의회는 연추(煙秋, Yan-chikhe)에서 의병부대를 편성하기 위한 준비 단체였다. 최재형은 당시 그 지역 한인사회의 지도적 인물로서 의병 후원에 앞장선 인물이다. 의병부대를 결성한 뒤 1908년 6월, 국내로 진입했다. 두만강 최하단인 함경북도 경흥군 노면(蘆面) 상리(上里)에 주둔하던 일본군 수비대를 급습한 것. 이 작전에서 교전 끝에 일본군 진지를 점령하는 전과를 올렸다. 이때 일본군과 일본 상인들을 포로로 잡았다. 안중근은 포로를 타이르고 만국공법에 따라 이들을 석방했다. 포로들이 무기를 가져가지 않으면 처벌받는다고 애원하자 무기까지 돌려줬다. 이것은 화근이 됐다. 안중근의 조치로 의병부대는 분열됐다. 엄인섭 부대는 러시아로 돌아갔다. 안중근 부대도 뿔뿔이 흩어졌다. 일본군 포로가 일본 군대를 끌고 와 기습 공격했다. 안중근은 한 달 만에 겨우 살아 돌아왔다. 패전지장이 된 것이다. 이 사건으로 최재형도 지원을 끊었다. 그러나 모두가 외면한 것은 아니었다. '전투에서 패배한 것은 병가지상사(兵家之常事)'라며 안중근을 위로하며 환영대회를 개최한 한인들도 있었다. 이후 안중근은 단지동맹 등으로 새로운 무장독립전쟁을 준비한다. 아마 이때 안중근은 자신의 판단 때문에 많은 동지들이 희생당했다고 자책했을지도 모른다. 그는 결국 침략 원흉 이토가 하얼빈에 온다는 소식을 듣고 주변의 동지들과 이토를 격살하기에 이른다.

 기념관의 하이라이트는 '이토 격살 장면과 현장'이다. 사진과 삽화 등으로 그 장면을 잘 설명하고 있다. 이토의 사망진단서도 있다. 총격이 어디에 이뤄졌는지 자세히 알 수 있다. 격살 현장은 전면 유리창을 통해 확인할 수 있다. 기념관은 직사각형 모양이다.

입구로 들어와서 왼쪽 방향으로 전시가 진행된다. 전시물을 따라 가면서 막바지에 전면 유리창이 나타난다. 유리창 밖은 하얼빈역 1번 플랫폼이다. 현재도 사용되고 있는 플랫폼이다. 현장감 있는 설계가 인상적이다. 바닥엔 ▲와 ■가 있다. ▲는 안중근의 위치고, ■는 이토의 위치다. 7미터의 거리다. 7발 중 3발을 이토에 적중시켰다. 나머지 3발도 수행원에게 적중했다. 그 당시 사용됐던 권총은 벨기에제 7연발 FN M1900 브라우닝 권총으로 총기번호는 262336이다. 전시관에는 사진으로 기록을 남겼다. 이토는 20분 뒤 절명했다. 방현석 작가는 "독립군 중 권총을 가장 잘 쏘는 이는 안중근 참모중장이고, 소총을 가장 잘 쓰는 이는 홍범도 장군이었다"라며 현장을 설명했다. 범도루트 일행은 그 현장을 바라보며 "백발백중 일격필살"을 외치며 안중근 참모중장을 기렸다.

1908.06. 안중근 참모중장의 국내진공작전을 설명하고 있는 방현석 작가

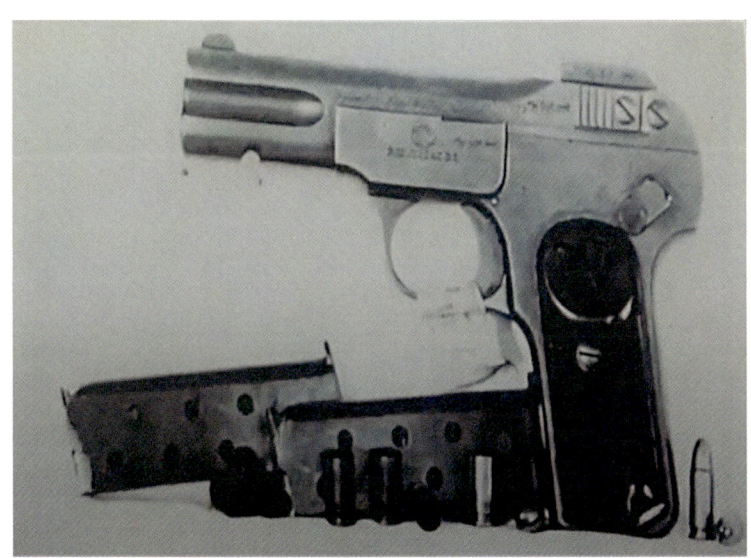

안중근참모중장이 이토를 격살한 브라우닝 FN M1900 권총

제1부 만주滿洲에서 여름 휴가   133

안중근참모중장이 이토를 격살한 현장. ▲는 안중근, ■는 이토의 위치다.

Jin Lee
2024. 08. 17. 오후 1:37

하얼빈 안중근의사기념관 입구 안중근 동상,
위쪽에 이토를 격살한 9시 30분에 멈춘 시계가 걸려 있다.

15.
인민음악가 정율성 기념관
(人民音樂家 鄭律成 紀念館)

'인민해방가' 명성에도 조선·중국 경계인으로 삶 마감

중국 베이징 팔보산 혁명공묘, 정율성(鄭律成, 1914~1976) 묘소의 비문이다. '정율성 동지는 1914년 음력 7월 7일에 조선 전라남도 광주의 한 혁명가정에서 태어났다. 소년 시절 반일 애국 독립활동에 참가했고, 1933년에 중국에 와서 선후로 남경과 상해 일대에서 항일 구국활동에 종사했으며, 1937년 10월에 옌안으로 갔다. 1939년에 1월 중국 공산당에 가입했으며, 자기의 일생을 중국 인민의 혁명과 건설 사업에 바쳤다. 그는 충성스러운 국제주의 전사였다. 1976년 12월 7일 북경에서 별세했다. 향년 62세' 독립운동가, 인민음악가, 혁명가였던 그의 인생을 간략하게 설명하고 있다.

하얼빈시 다오리(道里)구 안성(安昇) 거리에는 '조선민족예술관'이 있다. 2022년, 이곳에 '인민음악가 정율성 기념관'이 설치됐다. 2009년부터 운영했던 송화강 근처 우의(友誼)지역 기념관을 이곳으로 확장·이전했다. 이 공간은 하얼빈역 확장공사로 인해 '안중근 기념관'이 임시로 있었던 곳이기도 하다.

왜 하얼빈에 '정율성 기념관'이 있는 것일까? 정율성과 하얼빈의 인연 때문이다. 정율성은 1952년부터 1963년까지 쓰촨(四川), 헤이룽장(黑龍江), 저장(浙江), 후난(湖南), 광시(廣西), 구이저우(貴州), 윈난(雲南), 푸젠(福建), 장시(江西)성 등지를 다니면서 소수민족의 민요를 수집했다. 동시에 중국의 농어촌, 임업, 각종 공장, 병영 등 민중의 삶을 소재로 창작 활동을 했다. 특히 정율성 부부는 하얼빈에서 농공업생산 현장에서 일하면서 '홍안령 위에 눈꽃 날리네(興安嶺上雪花飄)', '행복한 농장', '소흥안령' 등 향토적이고 노동을 찬양하는 작품들을 남겼다. 헤이룽장성 주민들에겐 인기가 높은 노래였다. 이런 인연으로 하얼빈에 거주하는 동포들이 헤이룽장성에 제안해 기념관이 건립됐다.

기념관은 2층으로 면적이 1,016㎡(약 300평)다. 이곳엔 정율성이 소장했던 바이올린, 만돌린, 직접 그린 악보, 음반, 녹음기 등 300여 개 전시품이 진열됐다. 정율성의 동상과 초상화, 가족사, 초·중등학교 기록부터 중국에서의 항일운동, 음악 활동 등 그의 생애사를 전시하고 있다. 특히 김영삼 정권 시절 문화부 장관이 딩쉐쑹(丁雪松) 여사에게 준 감사패가 눈에 띄었다. '대한민국 국립국악원에 정율성 선생이 생전에 수집한 고전 악보와 조선족 민요 등 귀중한 자료를 기증한 것'에 감사의 뜻을 전한다는 것이었다.

중국 사람에게 정율성 음악가를 물어보면 모르는 사람이 없다고 한다. 실제 14억 중국 사람 중 80% 이상이 정율성의 노래를 최소

1곡 이상은 알고 있다. 정율성은 중국 국가인 '의용군 행진곡'를 작곡한 니에얼(聶耳, 1912~1935)과 항일·해방투쟁사를 담은 '황하대합창'의 시엔싱하이(先星海, 1905~1945)와 더불어 중국의 3대 음악가로 불린다. 정율성은 2009년 건국 60주년 때 '신중국 창건 100명 영웅'에 선정되기도 했다. 2015년 중국 내륙 도시 여행 중 하던 중 옌안에 간 적이 있다. 옌안혁명박물관 내 전시 중에서 '조선음악가 정율성'을 비롯해 다섯 장면이 그의 음악 활동을 설명하고 있었다. 21세기 중국에서 정율성을 높이 평가하고 있었다.

정율성은 서정 가곡을 포함해 군가, 합창, 동요, 영화음악 및 오페라 음악을 포함해 360여 곡을 남겼다. 그중 중국이 인정하는 정율성의 최대 공로는 '옌안송(延安頌, 1938년 作)'과 '중국인민해방군군가(中國人民解放軍軍歌, 1939년 作)'다. 이 두 곡은 중국 현대음악사에서 큰 줄기를 형성한 작품으로 평가된다. 특히 옌안송은 '중국인의 아리랑'이라 불린다. 1930년대 항일 분위기를 절묘하게 표현한 걸작이다. 당대 젊은이들의 마음을 사로잡았던 시대를 대표하는 대히트곡이었다. 옌안송을 들었던 수많은 중국 청년이 항일운동에 참여하기 위해 옌안으로 몰려들었다고 한다. 정율성은 "혁명 성지 옌안은 항일의 중심지로서 인민들의 숭경과 동경을 받았다. 옌안송이 이런 사상 감정을 담았기 때문에 광범위한 지구에 전파되고 생명력을 가질 수 있었다. 음악은 단순한 오락보다는 혁명의 무기이고 전투의 무기였다"고 옌안송의 인기 비결을 설명했다.

그의 창작물 중 '우리는 얼마나 행복한가(我們多麼幸福)'는 아직도 초등학교에서 불리고 있다. 민중의 현장에서 작곡한 노래로 그는 더 유명해졌다. 뱃사공의 생활을 노래한 '강 위의 노래 소리(江上的歌聲)'는 여드레 동안 뱃사공을 따라 여행하며 만들었다. '흥안령 위에 눈꽃 날리네(興安嶺上雪花飄)'은 벌목공의 삶을 노래했다. '망부운(望夫雲)'은 중국의 남쪽 대리(大理) 일대를 네 차례 답사하고 창작한 중국 최초의 오페라다.

정율성(본명, 鄭富恩)이 항일운동에 나선 것은 당연했다. 광주의 독립운동가 가문 출신이었기 때문이다. 3·1운동에 참여했던 맏형 정효룡(鄭孝龍, 1894~1934)은 옥살이 후유증으로 사망했다. 둘째 형 정충룡(鄭忠龍, 1898~1927)은 중국 국민혁명군 중좌로 참전했다가 병사했다. 매형 박건웅(朴健雄, 1906~?)은 의열단과 임시정부에서 활동한 독립운동가였다. 누이 정봉은(鄭鳳恩, 1908~1977)은 수피아여학교 학생으로 광주학생독립운동에 참여했고 건국준비위원회 광주 부녀회장이었다. 셋째 형 정의은(鄭義恩, 1912~1980)은 의열단이었다. 정율성을 의열단으로 이끈 이가 정의은이었다. 이런 연유로 기념관에서 약산 김원봉의 사진을 볼 수 있다. 김원봉은 백범 김구보다도 더 높은 현상금이 걸렸던 인물이다. 김구에 걸린 현상금은 60만 원, 김원봉은 100만 원이었다. 당시 100만 원은 현재 기준으로 볼 때 한화 200억~300억에 달하는 금액이다.

조선혁명군사정치간부학교(이하 '간부학교') 김원봉 교장이 정율성의 음악적 재능을 알아봤다. '음악으로 성공하라는 의미'로 '율성(律成)'이라는 이름을 지어줬다는 설도 있다. 정율성은 간부학교에서 의열단 교육을 마치고 항일 첩보 활동에 참여했다. 일본인 암살과 비밀스러운 첩보 활동으로 독립을 얻을 수 있을지 회의했다. 더 확실한 무장투쟁이 필요하다는 인식이 있었다. 중일전쟁이 터지자 의열단을 떠나 옌안으로 갔다. 옌안의 중국공산당이 국민당보다 항일에 더 적극적으로 보였기 때문이었다. 공산주의 이념이나 사상이 아니라 한국의 독립을 위해 중국공산당에 합류한 것이다.

옌안으로의 선택, '호룡의 죽음과 의은의 압송'이 원인이 아닐까? 정율성이 중국에 온 것은 1933년. 그해 누이 봉은은 결혼했다. 1934년엔 맏형 호룡이 사망했다. 셋째 형 의은마저 국내로 압송됐다. 중국 땅에 누이가 있더라도 그는 혼자였다. 1937년 10월 옌안으로 가겠다는 결정에 이런 사정도 영향을 미쳤을 것이다.

정율성의 독립투쟁은 간부학교를 통해 그 근간이 형성됐다고 볼 수 있다. 간부학교는 1932년부터 1935년까지 1기는 26명, 2기는 55명, 3기는 44명, 총 125명의 투사를 배출했다. 시인 이육사와 석정 윤세주는 1기, 정율성은 2기, 김학철은 3기다. 특히 정율성과 김학철과는 절친했던 것으로 알려져 있다. 조선의용대 시기 북경에 함께 체류했고, 평양에서도 이웃으로 한 집안처럼 지냈다. 정율성의 부인 딩쉐쑹은 답답한 일이 있으면 김학철을 찾아가 하소연했고, 중국에 돌아와서도 1957년 소위 반우파투쟁 이전까지 연락이 끊이지 않았다. 정율성과 김학철은 1936년 여름 남경 조선혁명당 중앙본부가 있던 화로강에서 처음 알게 됐다. 당시 정율성이 피아노 공부 한다는 얘기를 들었던 김학철은 "그 자식 피아노루 왜놈을

칠 작정인가?"라고 다소 의심스러운 태도를 취했다. 당시 정율성은 18세, 김학철은 20세였다. 1937년에 정율성이 '인터나쇼날'과 '라마르세이예즈'를 설명하자 김학철은 "내 머릿속에는 워낙 총과 탄약이 가득 들어차 있었던 까닭에 무슨 음악 따위는 도저히 들어박힐 여지가 없었던 것이다"라고 회고했다. 1941년에 김학철은 태항산으로 들어가 조선의용군 화북지대 제2대 분대장으로 일제와 싸웠다. 항일 근거지에 보급된 '연수요', '팔로군 행진곡'의 작곡가가 정율성임을 확인하게 된다. 그때 김학철은 "우리는 모두 벌린 입을 다물지 못하고 서로 얼굴만 마주 보았다"고 했다. 1946년 여름 해주에서 두 친구는 다시 만났다. 김학철이 탈남에 성공, 해주 시내에서 환영만찬이 열렸다. 그때 정율성 부부도 참석했다. 일제에 의해 다리 하나를 잃은 김학철은 인민군 신문사 주필, 정율성은 인민군 협주단 단장을 담당했다. 문학가와 음악가로 만났다. 대형 합창곡 '동해어부'를 함께 만들었다. 1957년 반우파투쟁과 1966년 문화대혁명 시기는 암흑의 시간이었다. 김학철은 '반동분자'라는 이름으로 창작의 권리를 박탈당하고 24년간 강제노동과 10년 동안 옥살이를 했다. 정율성 역시 '엄중한 우경', '반당', '간첩'이란 죄명으로 장시기 노동 개조를 당했다. 김학철이 추리구 감옥에서 '반혁명 현행범'으로 복역 중일 때, 정율성의 사망 소식을 들었다. 옛 전우의 영전에 조전(弔電) 한 통이라도 보내게 해달라고 요청했으나 당국은 허가해 주지 않았다. 김학철은 애도의 뜻도 표하지 못하고 말았다고 한다.

정율성은 인민음악가로서의 화려한 삶보다 경계인의 삶을 살았다. 옌안 시절에는 한인이란 이유로 감시와 오해를 받았고, 북한에서는 연안파로 몰릴 뻔했다. 중국 인민해방군가를 비롯해 수많은 혁명 가곡을 창작했지만 1953년 중국음악가협회가 창립될 때 회원에 끼워주지도 않았다. 문화대혁명 시절 그는 "조선은 나를 중국 사람으로 여기고, 중국은 나를 조선 사람으로 여긴다. 이런 곳에서 무슨 발전이 있겠는가, 차라리 어디 깊은 산 속에 들어가서 사냥이나 하면서 살고 싶다"라고 말했다.

조국의 독립을 위해 조국을 떠나 목숨을 걸고 싸웠던 선열들을 생각하면 답답한 마음이다. 나라는 외세에 의해 갈라졌고 동족상잔의 비극을 거쳤다. 언제까지 좌우 이념으로 대결만 할 것인가? 선열들은 이념을 위해 싸운 것이 아니다. 오직 독립과 해방을 위해 싸운 것이다. 이제 단절의 역사보다 미래지향적 역사, 대통합의 역사로 바로 서길 바란다.

1940년 10월 조선의용대 창립 2주년 기념 선전영상 속의 김원봉

정율성 부부 사진

대한민국 문화체육부 장관이 정설송 여사에게 수여한 감사패(1996.10.08.)

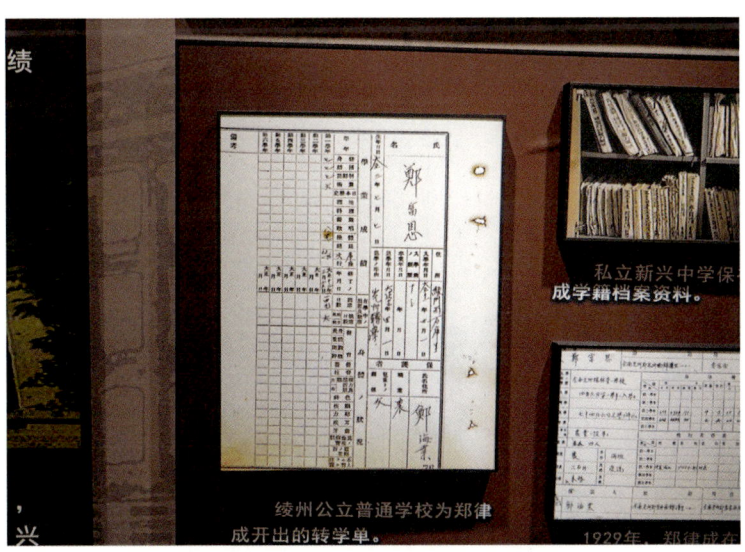
능주공립보통학교에서 작성된 전학서류(鄭富恩)

제1부 만주滿洲에서 여름 휴가

정율성이 지휘하는 연안송(옌안혁명기념관 2015.10.28 촬영)

할빈시 조선민족예술관 외관

16.
중국침략 일본군 731부대 죄증진열관
(侵華日本軍第七三一部隊罪證陳列館)

누구나 알고 있지만 아무도 모르는 731부대의 천인공노할 만행

 2024년 8월 13일, 당시 14세의 소년병 시미즈 히데오(94세)는 79년 만에 하얼빈을 찾아 사죄했다. 그는 "표본실에서 포르말린 병에 담긴, 해부된 다양한 인간 장기를 봤습니다. 실험 대상으로 사용된 죄수들의 뼈를 수집하라는 명령을 받았습니다. 특히, 배 안에 태아가 있는 임산부 표본도 있었습니다. 안에 들어가니 포르말린의 냄새가 강해서 눈에서 눈물이 자꾸 났습니다" 그는 "731부대 표본실에 영유아 표본이 적지 않았습니다. 수년 동안 손주를 볼 때마다 당시 표본실에서 봤던 영유아 표본이 떠올랐습니다. 매번 생각이 날 때마다 고통과 죄책감을 느꼈습니다"라며 731부대의 만행을 알렸다.
 하얼빈 시의 외곽, 핑팡(平房)구 신강대가(新疆大街) 47호. '중국침략 일본군 731부대 죄증 진열관(이하 '731전시관')'이 있다. 과거 731부대 유적지는 넓은 폐허에 각종 세균실험실과 특수감옥, 수감실,

소각구덩이, 군부대 등 잔존 건물과 그 잔해들이 널부러져 있었다. 일제는 패전 선언 하루 전 건물을 폭파하고 서류를 소각했다. 각종 모든 증거를 인멸하려고 했다. 일제는 마루타(丸太)들의 밥에 청산가리를 타 죽이거나 총으로 집단 학살하고 시체를 태웠다. 시체를 소각했던 소각장 굴뚝은 상징화된 디자인으로 남아 인류사 최고의 악행을 증언하고 있다. 이곳은 현재 일본 관동군 731부대의 인체실험 만행의 각종 자료를 전시할 뿐만 아니라 범죄 죄상 자료를 수집, 보관, 연구하는 기관이다. 유적지 옆에 조성된 '731전시관'은 2015년 8월 15일에 개관했다.

중국 정부가 일제 침략 현장을 보호하고 관리하기 시작한 것은 1982년부터다. 중국 문화부는 '문서 1289호'를 통해 '모든 성, 직할시, 자치구의 문화국과 문화관리위원회에 일본의 중국침략 현장을 보호하라'고 통보했다. 이 문서를 근거로 헤이룽장성과 하얼빈시는 방치돼 있던 731부대의 옛 범죄 현장을 보호하기 시작했다. 본격적인 유적 조사는 1987년부터 시작됐다. 1992년 4월, 731부대의 인체실험 자료를 공개했다. 1993년 8월, 731부대 세균전 자료 등을 발견했다. 1995년 7월, '1940년 731부대의 세균전은 육군참모본부의 지시와 당시 일왕의 승인에 따라 이루어진 것'이라는 문서도 발견했다. 1998년, 731부대의 인체실험에 이용된 사람들의 이름과 실험 시간, 장소, 체포 경위, 심문 내용, 인체실험 결과 및 인적사항이 기록된 문서와 이를 촬영한 사진 원본을 연이어 찾아냈다. 731전시관과 유적은 '하얼빈시 중점문물보호단위'이자 '4A 국가급 여

유경구(國家級旅遊景區)로 지정, 관리되고 있다. 이곳은 'UN으로부터 전쟁범죄로 규정된 세균전과 생화학전 등 일제의 죄상'을 낱낱이 보여주고 있다.

731전시관은 중국 곳곳에서 수많은 사람이 찾는 곳이다. 가이드 선생은 "중국은 반일 교육과 함께 중화주의를 강조하고 있습니다. 학생들이 상급학교를 진학하려면 반드시 이곳과 같은 '애국주의 교육기지'를 방문해야 하고 그 증빙을 제출해야 합니다. 그래서 부모가 아이들을 데리고 오는 것입니다"라며 아침 일찍 도착해야 할 이유를 설명했다. 그는 "비록 소수이지만 일본인들이 이곳을 방문하기도 합니다. 그들은 전시관을 나갈 때 고개를 푹 숙이고 눈물을 흘리거나 중국인들에게 미안하다는 말을 하기도 합니다"라며 일본인의 방문에 관해 설명하기도 했다.

우리 일행은 오전 8시경 도착했다. 9시 개관인데도 벌써 긴 줄이다. 아침부터 30도의 더위다. 9시가 되자 음성안내기를 받아 전시관에 입장했다. 상당히 정확한 한국어 발음이었다. 각종 사진이나 자료 하나를 잘 설명해 주었다. '731전시관'의 첫 장면은 '비인도적 잔학행위'라는 거대한 글귀다. 중국어, 영어, 일본어, 한국어, 몽골어, 러시아 6개 언어로 적혀있다. 입구에서부터 집중하게 만든다. 위에서부터 4번째가 한국어다. 아마도 실험대상으로 죽어갔던 사람들과 가해자의 국적을 의미한 것 같았다.

731전시관은 총 6개 부분으로 구성돼 있다. 제1부분 일본군 세균전 체제, 제2부분 731부대(본부/파견), 제3부분 인체실험(세균 연구,

백신 연구, 기타 동·식물바이러스 연구, 세균 인체실험, 소각로, 인간 외 세균 실험, 기타 인체실험, 특별이송), 제4부분 세균무기 개발(세라믹 폭탄 개발, 세균전 무기 생산), 제5부분 세균전 실시(노몬한(諾門罕, 몽골국경)세균전, 중국 영토 내 세균전), 제6부분 전후 재판(전범재판, 전후 미·일거래) 등으로 구성됐다. 이 중 제3부분 인체실험이 절반 이상을 차지한다. 출구로 나오는 공간의 벽에는 '생화학무기 사용금지 국제협약' 전문이 표시됐다. 출구는 암흑의 공간에서 광명의 공간으로 나오는 듯한 장면을 연출했다.

731부대의 정식 명칭은 '관동군 검역 급수부'다. 가짜 간판을 걸어 놓고 실제로는 민간인 인체실험이 자행했다. 일본총영사관이 외교기관이란 간판을 포장하고 살인과 고문을 자행했던 것과 흡사했다. 731부대는 1936년 일왕의 비밀지령으로 설립됐다. 1938년에는 부지 16만㎢에 70개 건물을 포함한 80개 시설을 설치했다. 총넓이 6㎢의 본부 지역과 더불어 하얼빈 시내의 난둥 주둔지, 야외 실험장을 건설했다. 1943년에는 세균 공장과 안다(安達) 비행장 기지 등을 포함해 거대한 규모의 '세균배양과 생산기지'를 세웠다. 중일전쟁이 본격화되면서 일왕은 1940년 중국에서 세균무기를 시험, 사용하도록 직접 재가했다. 1940년 이후 세균무기의 연구, 생산, 실험장은 중국 전역으로 확대됐다. 길림성 100부대, 북경 1855부대, 남경 1644부대, 광동 8604부대 등이 존재했고, 그 중심에는 일본제국대학이 있었다. 초대 부대장은 교토제국대학 의학부 출신 의사이자 세균학 박사, 이시이 시로(石井四郞)다. 그의 지휘 아래 수천 명을 대상으로 인체실험을 진행했다. 이시이 시로는 일제 패망 후 731부대의 자료를 미국에 제공했다. 그 대가로 어떠한 처벌도 받지 않았다. 일왕의 칙령으로 731부대가 설립·운영됐으나 일왕뿐만 아니라 731부대원들도 99% 이상은 전범재판을 받지 않았다. 1949년 하바로브스크에서 열린 극동군사재판에서, 소련군에 체포된 731부대원 중 12명이 세균전범으로 재판을 받았을 뿐이다. 뉘른베르크 재판에서 나치의 인체실험에 관련된 독일 의사들이 단죄됐다. 그러나 미국이 일제 731부대에 면죄부를 준 것이다. 이시이 시로는 미국의 비호 아래 천수를 누렸다. 참으로 어처구니가 없었다. 전후 미일거래, 국제정치의 현실은 잔인했다. 이것은 미국의 죄상이다. 민주주의 국가를 천명하는 미국이 인류의 억울한 죽음을 무시하고 실험 데이터만을 선택했다.

731부대는 인체실험 대상자는 '특별이송대상'이었다. 731부대와 관동군 헌병대에 의해 '특별이송' 대상으로 분류되면 재판 없이 비밀심문을 거쳐 731부대로 이송했다. 731부대의 잔학한 만행은 1940년부터 1945년까지 5년 동안 이어졌다. 희생된 마루타만 최소 3,600여 명. 이곳에 들어와 살아서 나간 사람은 단 한 명도 없었다. 공중 살포 세균전으로 인한 피해자도 수만 명에 달했다. 독가스 사용과 세균전용 인체실험 대상에는 전쟁포로뿐만 아니라 반일·항일 활동가와 사상범, 생활 범죄자, 심지어는 주민까지도 강제로 동원되었다. 이곳의 자료와 전시물들은 나치 독일의 유대인 인체실험과 더불어 제2차 세계대전의 참혹상을 단적으로 증언해 주는 대표적 죄증(罪證)들이다.

731전시관 제3부분은 인체실험에 대해 자세히 설명하고 있다. 몇 가지를 소개한다. 우선 각종 세균 주사이다. 일제는 살아있는 사람에게 탄저균, 티푸스균 이질균, 천연두균 등의 바이러스균을 주사했다. 특히 한인 독립운동가 40여 명을 체포해 콜레라균과 페스트균을 주입한 인체실험을 했다는 기록도 발견됐다. 두 번째, 민간인 지역에 세균을 살포했다. 부대 안에서 배양해 쥐, 벼룩을 가축에게 감염시켜 민가 마을에 방출했다. 세 번째, 동사(凍死) 실험이다. 손부터 얼려 영하 50도까지 온도를 낮춰가며 언제 어떻게 사람이 죽어가는지 실험했다. 네 번째, 독가스 실험이다. 러시아인 모녀를 실험실에 가둬 놓고 누가 먼저 죽는지, 몇 분 후 죽는지, 카메라로 촬영했던 장면이 밀랍인형으로 재현됐다. 다섯 번째, 페스트균을 공중에서 투하했다. 안다 비행장에서 공중에서 페스트균을 터트리고 묶여있는 사람들을 대상으로 실험했다. 여섯 번째, 총기 관통력 테스트다. 간도대학살 때 일본군이 한인들에게 저지른 만행 중의 하나다. 사람을 일렬로 세워 놓고 총을 쐈다. 한 발에 몇 명이 죽는지 실험했다. 일곱 번째, 살아있는 사람을 마취 없이 해부하고 동물의 내장과 교체하기도 했다. 그 외에도 사람이 얼마나 견디며 죽는지 실험했다. ① 저진공 상태 ② 강제 단수, 물을 끓어 죽이기 ③ 기아(飢餓), 굶겨 죽이기 ④ 건조 또는 물 먹이기 ⑤ 담배 연기 주입 ⑥ 각종 마취제 테스트 및 약물 실험 ⑦ 전기 고문 또는 감전 ⑧ 열수 화상 또는 화공 ⑨ 공기 정맥주사와 거꾸로 매달기 ⑩ 피를 얼마나 흘리면 죽는지 실험하거나 인마혈 교환주사 ⑪ 장기 이식(소장과 식도 연결 또는 동맥 및 신경 절단) ⑫ 고속 원심분리기 실험이나 최면실험 ⑬ 인공수정 ⑭ 공기정맥주사 ⑮ 매독균 전파 등이다. 상상하기 힘든 인체실험을 자행했다. 형용할 수 없는 분노와 공포를 느꼈다. 인간이 얼마나 악마화될 수 있는지도 확인했다.

전시관의 마지막 부분의 화면이다. 철증여산(鐵證如山, 확실한 증거가 산더미 같다)이라는 글귀와 함께 지금까지 수집된 죄증 자료를 숫자로 표시했다. ① 12,912건(증거 수집된 소장품) ② 8,000페이지(기밀해제문서/세균인체실험보고서 조사보고서) ③ 423시간(731부대 부대원들의 영상 증언) ④ 1,567건(피험자의 특수이적 파일) ⑤ 136건(노동자의 증언) ⑥ 1,615쪽(전범 16명의 재판기록) ⑦ 3,497명(731부대의 인사파일) ⑧ 27개 유적(세균실험실 등) 이것이야말로 일제가 은폐하려고 했지만 은폐하지 못한 명백한 증거다. 현재 일본 정부는 731부대의 세균전 자행 사실을 부인할 뿐만 아니라 전쟁 가해 책임도 회피하고 있다. 일본 정부의 변화를 기대할 수 없을 것 같다. 국제정치로는 해결되지 않을 것 같고, 일본 정치도 변화할 가능성이 없어 보인다. 가슴을 치고 통탄할 일이다. 다시는 이런 비극적인 상황이 재발되지 않기를 바란다.

731부대 죄증 전시관 외관, 시체를 불살랐던 소각장의 굴뚝이 디자인으로 남았다.

731부대 죄증 전시관 전경

러시아 모녀를 대상으로 진행한 독가스 실험

영하 50도 까지 온도를 낮춰 가면 언제 어떻게 죽는지 동사실험했다.

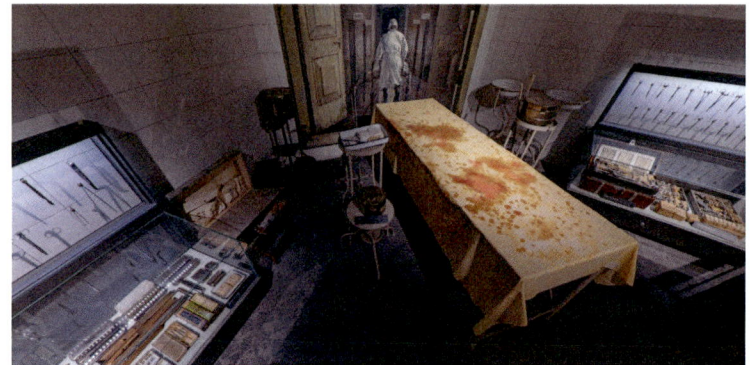

인체해부실

안다비행장에서 실시한 페스트균 공중살포 현장을 재현하고 있다.

이시이시로(石井四郎)의 세균전 옹호 발언,
그는 731부대의 모든 자료를 미군에 넘겨주고 천수를 누렸다.

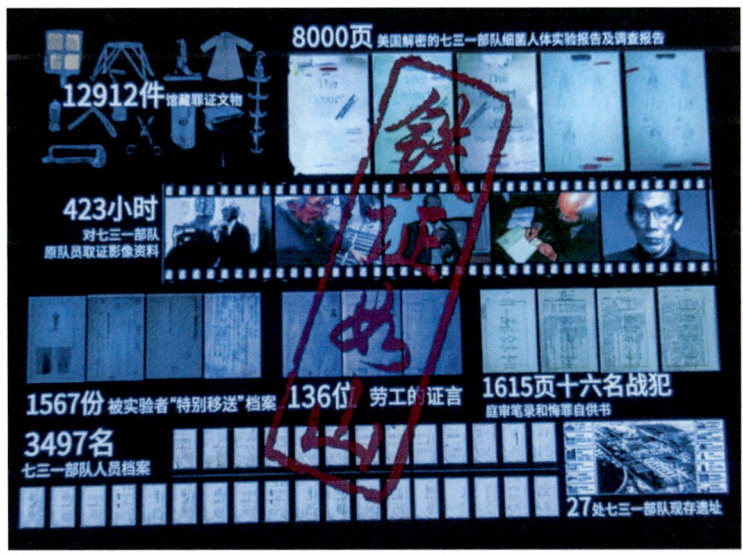

鐵證如山(확실한 증거 중거가 산과 같다) 731부대의 증거들을 수치로 표현했다.

제1부 만주滿洲에서 여름 휴가

17.
안중근, 신채호, 이회영이 살해당한 뤼순감옥(旅順監獄)

영웅들의 파란만장한 삶과 장렬한 죽음, 비장한 유훈을 남겨

 범도루트의 마지막 여정이다. 목적지는 안중근 참모중장이 살해된 뤼순감옥이다. 우리 일행은 하다 고속철도(哈大高铁)를 통해 하얼빈서역에서 다롄북역까지는 약 900㎞ 이동했다. 하얼빈서역은 연길서역에 비해 큰 규모였다. 연길서역에 비해 한가한 편이다. 열차 출발 시간까지 시간이 남아 2층 식당가에서 커피도 한잔했다. 장시간 기차여행에서 맥주는 필수다. 편의점에서 '설화(雪花) 맥주'도 구입했다. 고속열차는 시속 200~300㎞의 속도로 달렸다. 기차 안에서 만주벌판의 석양을 보았다. 115년 전 안중근 참모중장도 이 노을을 보셨을 것 같았다. 안중근은 하얼빈 일본총영사관에 갇혔다가 1909년 11월 1일부터 11월 3일까지 뤼순역까지 기차로 압송됐다. 똑같은 철길은 아니지만 그 철도를 달리고 있는 것이었다. 뭔지 모를 느낌이 올라왔다. 연길에서 하얼빈으로 가는 만주벌판은 숲이나 옥수수밭이나 군데군데 보였지만 하얼빈에서 대련으로 가는 만주벌판은 끝없이 펼쳐지는 지평선과 광야였다.

범도루트 대원들은 며칠 동안 서로를 알게 됐고 소설 범도를 읽었다는 동질감에 친해진 경우도 많았다. 이동 중 식당칸에서 소설가 선생님들과 많은 이야기도 나눴다. 4시간 50분이 지나자 다롄 북역에 도착했다. 다롄에서 뤼순까지는 버스로 이동했다. 뤼순에 도착하니 오후 8시, 어두웠다. 중국에서의 마지막 만찬을 즐겼다. 늦은 시간에 호텔에 도착했다. 큰 호텔이 없었는지 범도루트 일행은 두 군데로 분산됐다. 중국에서 마지막 밤, 광주에서 오신 백수인 교수님과 시인 나종영 선생님께 좋은 말씀을 많이 들었다. 감사한 밤이었다.

다음 날 아침 일찍 호텔 옥상에서 호텔 주변의 뤼순 거리와 멀리 바다를 살펴볼 기회가 있었다. 뤼순의 거리는 오밀조밀, 목포나 여수와 비슷한 인상이었다. 해안과 산, 그 중간에 선형으로 도시가 형성됐다. 저 멀리 천문대 같은 건물들이 어렴풋이 보이기도 했고 부두 쪽엔 조선소 대형 장비나 컨테이너 크레인도 보였다. 뤼순은 러일전쟁의 현장이다. 120년 전에는 전쟁터였으나 지금은 여느 도시와 마찬가지로 분주한 아침이었다.

범도루트의 마지막 여정은 뤼순역, 관동법원, 뤼순감옥을 들러볼 계획이다. 뤼순은 안중근의 마지막 압송 코스이자 재판과 순국의 현장이다. 안중근은 하얼빈역에서 뤼순역까지 기차로, 감옥까지는 죄수 마차로 압송당했다. 뤼순역은 1903년 7월 14일 러시아식 건축으로 준공된 역사(驛舍)다. 초록색 지붕이 역사에 개성을 입했다. 2002년에 다롄시 중점 보호건축물로 등재됐다. 지금은 기차가 다니지 않는다. 뤼순의 러시아식 건축 중 하나로 역사를 머금고 있었다. 지금은 사라진 남광주역사가 떠오르는 장면이었다. 보존할 것과 철거할 것, 그 경계는 없다. 역사 현장을 지키고 기록하는 것이 중요한 과제라는 것을 다시 한번 확인했다.

뤼순 일본관동법원 옛터(旅順日本關東法院舊址)다. 1907년에 세워졌으며 건물 면적은 1,333㎡이다. 일제 강점 시기 일본관동고등법원과 지방법원으로 사용했다. 안중근을 비롯해 수많은 항일 투사 등이 이곳에서 재판받았다. 현재는 뤼순구구인민병원(旅順口區人民病院)이다. 2001년 3월 시급문물보호단위, 2002년 1월엔 다롄시 중점보호건축물로 선정됐다. 2006년 5월 법원 옛터 전시관은 애국주의 교육장소로 개방했다. 전시관은 안중근을 중심으로 구성됐다. 재판정과 각종 사무실 그리고 안중근의 사진, 재현된 죄수호송마차, 재판기록 등이 전시됐다.

2층 재판정에서 소설 『범도』의 방현석 작가의 강렬한 강의가 있었다. "안중근의 재판을 지켜본 한 영국 기자는 공판 참관기에 '형을 선고받은 그는 마침내 영웅의 왕관을 손에 들고 늠름하게 법정을 떠났다'라고 그의 마지막 모습을 묘사했습니다. 안중근은 유언으로 자신의 유구를 하얼빈 공원에 두었다가 해방이 되면 조국으로 옮겨 달라고 했습니다만 현재까지 그 행방을 파악하지 못하고 있습니다. 꿈에 그리던 조국은 고사하고 그가 마지막에 잠시 머물렀던 하얼빈으로도 돌아오지 못한 것입니다. 안중근은 당당하게 총살을 원했습니다. 일제는 테러리스트라고 폄훼하며 교수형에 처했습니다. 시신 인도를 요구하는 두 동생을 강제로 귀국시켰습니다. 그리고 해방 80주년을 앞둔 오늘까지도 그의 유해를 찾지 못했습니다" 안중근은 관동법원 2층 재판정 피고인석 맨 왼쪽에서 사형을 언도받았다. 그 자리에 앉아보기도 하고 사진을 찍어보기도 했다. 관동법원 전시관을 책임지고 있다는 중국인 여성은 안중근의 재판에 대해 자세히 설명했고 우리는 그 재판정에 앉아 안중근의 심경을 헤아려 보기도 했으나 암흑의 심연에 갇힌 것 같았다.

　37도의 더위다. 뤼순감옥으로 이동했다. 뤼순 감옥의 공식 명칭은 '뤼순일아감옥구지(旅順日俄監獄舊址)'다. 일본과 러시아가 짓고 사용했던 감옥이기 때문에 일아(日俄)라는 표현을 썼다. 이 감옥은 1902년 러시아가 건설하기 시작했고, 러일전쟁 중에는 러시아군의 야전병원과 기마대 병영이었다. 1907년 뤼순을 점령한 일제가 감옥을 완성했다. 대지는 222,600㎡(약 6천6백 평)이며 감방은 총 275개로 일반감방 253칸, 지하감옥(暗房) 4칸, 병사 18칸을 만들었다. 약 2,000명 이상을 수용할 수 있는 규모다. 감방 이외에도 몸수색실, 취조·고문실, 교형장, 15개의 작업장이 있었다. 감옥 바깥에는 강제노역장이다. 벽돌가마, 임목장, 과수원, 채소밭 등이 있었다. 1945년 8월 소련군이 이 감옥을 폐지하기 전까지 700여 명의 항일지사들이 투옥됐거나 살해당했다. 1971년 7월 전시관으로 일반인에게 처음 공개됐다. 1988년 중국은 이곳을 '전국중점문물보호단위'로 지정했다. 1995년 전시관을 '전국 문물박물관 우수애국주의 교육기지'로 선정했다. 지금은 연간 60만 명 이상이 방문하는 역사적 공간이다.

뤼순감옥은 벽돌의 흔적이 특징이다. 건물에 사용된 벽돌의 색깔로 누가 지었는지를 알 수 있다. 회색 벽돌은 러시아가, 붉은 벽돌은 일본이 사용했다. 회색 건물, 붉은 건물, 두 가지 색깔이 혼합된 건물이 병존한다. 러시아군의 주둔, 러·일전쟁, 일본군의 점령 등 뤼순의 역사를 보여주고 있다.

형식적인 소지품 검사를 마치고 감옥 안으로 들어가는 순간 엄중했고 경건했다. 이곳에서 안중근 참모중장을 비롯해 신채호, 이회영 선생 등 무장독립전쟁 영웅들이 순국하셨기 때문이다. 감옥 안에서 처음 접한 곳은 몸수색실이다. 이곳은 감옥에 갇힌 죄수들이 일하러 갈 때와 마치고 돌아올 때, 옷을 벗고 알몸으로 간수들의 검사를 받던 곳이다. 고문실에는 각종 고문 장비가 전시됐다. 고문실에 관한 설명을 그대로 옮긴다. "조강(弔杠), 호랑이 의자 등 각종 고문도구가 있으며, 구속됐지만 아직 판결받지 않은 수감자와 감옥 규칙 위반자에게 잔혹한 형벌을 실행했다. 당시 이곳의 주요 고문 수단은 태형(笞刑)이었다. 즉 납으로 감싼 대나무로 피부가 찢어지고 살이 터지도록 때렸다"라며 당시 상황을 설명하고 있다. 감옥의 내부는 간수가 죄수를 감시하기 쉬운 파놉티콘 구조다. 서대문형무소와 흡사하다.

안중근이 갇혀 있던 곳은 조그만 일인 독방을 찾아갔다. 간수부장이 쓰던 당직실을 개조해서 감방을 만들었다. 144일 동안 24시간

감시받았다. 책상과 침대가 있었지만, 옆방에선 간수가 숙식하며 안중근의 일거수일투족을 감시했다. '조선 애국지사 안중근 감방'이란 안내판이 한글을 비롯한 중국어, 일어, 영어로 표기됐다. 철창으로 된 감방 안을 들여다볼 수 있었다. 안중근은 그곳에서 '안응칠의 역사'와 미완성의 '동양평화론'을 집필했고 수많은 유묵을 남겼다. 안중근은 순국 당일 마지막으로 '爲國獻身軍人本分(나라를 위해 몸을 바치는 것은 군인의 본분이다)'이란 글을 남겼다. 마지막까지 대한의군 참모중장이었던 자신의 위상을 일본인에게 알리고자 했다.

연결된 옥사로 갔다. 붉은 벽돌로 지어진 2층 건물이다. 신채호와 이회영 선생이 돌아가신 감옥이다. 신흥무관학교의 설립자 이회영 선생은 36호 감방에 갇혀 있던 중, 1932년 11월 17일 혹독한 고문 끝에 재판도 없이 순국했다. 이회영 선생은 당시 65세의 노인이었다. '조선상고사'와 '조선혁명선언'의 신채호 선생은 일제의 보석 회유에도 불구하고 35호 감방에서 1936년 3월 21일 뇌출혈로 원통하게 돌아가셨다.

밖으로 나와 동선을 따라갔더니 '뤼순의 국제 지사들'이란 전시관이 있었다. 여기에서 안중근, 이회영, 신채호 선생의 동상을 만날 수 있었다. 어떤 이는 그 동상을 안고 울기도 했다. 중국 땅에서 우리 독립전쟁영웅을 모시고 있다니 감사했다. 전시관의 맺음말이다. "역사교육은 지속적인 관심 속에서 기억과 숭고한 희생정신을 유기적으로 결합하여 후세들에게 강력한 신념과 정당한 행위를 갖도록 한다. 만약 한 민족이 역사에 대한 철저한 반성과 이해가 없다면 영원히 생명력을 잃게 될 것이다" 한국의 교육부가 새겨들어야 할 내용이다.

안중근 참모중장이 살해당한 곳으로 가는 길. 그가 생의 마지막에 걸었던 길이다. 온몸에 긴장이 흘렀다. 작은 벽돌 건물이 나타났다. '교형장(絞刑場)'이다. 안으로 들어갔다. 천정으로부터 드리워진 밧줄과 올가미, 올가미 아래에는 교수형을 당했던 자리에 의자가 놓여있고, 그 위에 흰 한복을 입은 안중근의 영정이 모셔져 있다. 아내 김아려(金亞麗, 1878~1946)가 지어 보낸 한복이다. 안중근 참모중장은 여기서 순국했다. 분한 마음 어찌할 바가 없었다. 출구 쪽 흰색 벽에는 '1910년 3월 26일 상오 10시, 안중근이 순국한 곳'이라는 안내문이 있었다.

뤼순감옥에서 뵈었던 안중근, 신채호, 이회영은 큰 울림으로 남았다. 영웅들은 무장독립전쟁을 준비하고 실행했다. 오직 독립을 위해 모든 것을 바쳤고 이곳에서 목숨까지 내놨다. 그들의 삶은 파란만장했고, 죽음은 장렬했다. 그리고 비장한 유훈을 남겼다. 뤼순감옥으로부터 나오는 길, 4m 높이의 담장은 더 붉었고, 하늘은 유난히도 푸르렀다. 범도루트 여정은 이렇게 끝났다.

1903년 러시아가 건설한 뤼순역, 지금은 다롄시 중점보호건축물로 등재된 역사다.

공판정으로 안중근 참모중장을 압송하여 오는 죄수마차

뤼순감옥옛터(旅順日俄監獄舊址),
러시아와 일본이 건설하고 사용했다는 의미로
'日俄'라고 표현했다.

뤼순감옥, 회색 벽돌은 러시아, 적색 벽돌은 일본이 건축했다.
러일전쟁과 뤼순의 역사를 담고 있다.

안중근은 아내 아려가 지어준 흰 한복을 입고 순국했다.

안중근 참모중장 순국지 안내문

제1부 만주滿洲에서 여름 휴가

18.
범도루트 기억하기

장렬한 죽음의 지층 위에 세워진 나라,
진정한 독립 국가로 우뚝 서길

『격정시대』에서 김학철은 이렇게 말한다. "이족 침략자의 철제 밑에 짓밟히는 민족 앞에는 대개 세 가지 운명이 선택을 기다리고 있는 법이다. 그 하나는 꼬리를 치고 나서서 앞잡이 노릇을 하는 것이고 또 하나는 나 잡아 잡수하고 가만히 엎드려 있는 것이다. 그리고 마지막 하나는 분연히 떨쳐 일어나 반항을 하는 것이다" 2024년 여름 범도루트에서는 분연히 떨쳐 일어난 영웅들을 만날 수 있었다.

범도루트는 작년 8월 13일부터 18일까지 5박 6일, 짧지만 굵은 여정이었다. 작년 9월 말 연재 기사를 시작으로 18번째 글을 쓰는 동안 해가 바뀌었다. 이 책을 완성하기 까지 몇 개월이 더 지났지만 계속 만주 대지에서 헤매고 있었던 것 같다. 어느덧 을사년이다. 120년 전 을사년, 1905년은 암울했다. 오죽하면 '을시년스럽다'

는 말이 생겼을까? 을사늑약 이후로 몹시 쓸쓸하고 어수선한 날을 맞으면 그 분위기가 마치 을사년과 같다고 해서 '을시년스럽다'라는 말이 생겼다고 한다. 2025년 을사년, 연초부터 을씨년스럽다. 우리 모두, 꿈과 희망을 노래할 수 있는 한 해가 됐으면 좋겠다.

어쩌다가 범도루트에 참여하게 됐는지 곰곰이 생각해 봤다. 작년 5월경, 삼겹살에 소주 한잔하는 자리였다. 창권은 "최근 보현이가 소설『범도』를 보내줘서 읽기 시작했는데 큰 울림이 있다"라며 방현석의 장편소설『범도』를 소개했다. 육군사관학교에 있는 홍범도 장군의 흉상을 철거한다고 나라가 시끄러울 때였다. 이제 와서 생각해 보니 그 사건이 내란의 시작이었다.

소설『범도』를 읽기 시작했다.『범도 1-포수의 원칙』632쪽,『범도 2-봉오동의 그늘』672쪽, 총 1,302쪽이다. 제법 두껍다.『범도』는 역사적 사실에 충실한 장편소설이다. 숨겨진 역사를 되찾았고 잊힌 인물을 되살렸다. 믿기지 않은 사건도 있었지만 실제 상황인 경우가 많았다. 두 번째, 1권의 주무대는 북녘, 2권은 만주다. 특히 1권을 읽을 때 함경북도 지명을 찾고 그 루트를 따라가는 재미가 쏠쏠했다. 홍범도의 진격 루트는 한국전쟁 때 미국이 패퇴했던 장진호 전투를 역으로 추적하는 것 같기도 했다. 세 번째, 인물이 등장할 때 묘사는 섬세했다. 역사적 배경 설명까지 철저했다. 그러나 인물이 사라질 때는 한순간이었다. 삶과 죽음이 교차하는 전쟁터에서 기억 속의 동지를 빨리 망각하려고 했던 것일까? 네 번째, 화려한 묘사나 미사여구보다는 간결한 표현, 현장성 중심의 글이 좋았다.

작가가 13년 동안 현장에서 조사, 채록, 분석했기 때문이라고 생각했다. 다섯 번째, 나와 동명이인이 소설에 등장했다. 설악산의 전설적인 명포수 이쾌의 딸, 간장 종지도 한 방에 맞힌 명사수, 훈련대장 '이진'이었다. 김알렉산드라가 처형당하기 전에 풀어준 시계를 차고 있던 여전사 진포씨, 밀정에게 암살당하는 장면까지, 그녀를 쫓아가며 글을 읽어 나갔다.

어느 날 창권은 '만주회' 카톡방에 '범도루트' 일정표를 올렸다. 만주회는 대학 시절 민주화운동 동지 모임이다. '만주'는 나름 거창한 의미가 있다. ① 만주(滿洲)벌판을 휘달리던 선조들의 기상을 계승한다. ② 가득찰 만(滿), 술(酒), 건전한 음주 문화 조성에 앞장선다. ③ 만주(萬株) 정도는 기본, 글로벌 우량주 소유했으면 좋겠다. ④ 세계 평화를 기원하며 만방(萬邦)으로의 주유(周遊)하자. 여러 회원이 관심을 보였으나 창권과 창권의 딸 자영, 만원, 나 4명이 범도루트에 참가하기로 했다. 광복절에 백두산 천지와 장백폭포에 오르는 일정이 가장 맘에 들었다. 가벼운 마음으로 따라나선 길이었으나 가는 곳마다 나의 무지에 대해 알게 됐다. 우리 역사가 외면하고 있었던 만주벌판의 역사와 영웅에 대해 생각하게 됐다. 선열들의 무장독립전쟁에 대한 새로운 인식을 얻었다.

이 글을 작성하면서 다하지 못한 영웅과 장면이 있다. 소설『범도』의 내용을 중심으로 나의 의견을 첨부해서 옮긴다. 기억해야 할 영웅이다. '이범진(李範晋, 1852~1911), 이범윤 형제'다. 이범윤은 '간도의 맹호'로 불렸다. 고종이 그를 간도관리사로 임명했다. 이범윤은 간도에 정착한 우리 농민을 보호하기 위해 조선 호적부를 만들어 간도를 조선 행정체계에 편입시켰다. 청나라 관리의 횡포와 마적들로부터 우리 농민을 보호하기 위해 고종에게 군대를 보내달라는 요청도 했다. 청나라를 두려워하는 고종이 군대를 보내주지 않자, 그는 자위 조직인 '사포대(私砲隊)'를 편성해 마적을 소탕했다. 사포대는 '대한의군'으로 불렸다. 안중근 부대도 이범윤의 휘하였다. 이범윤의 형 이범진은 현직 주러시아 대한제국 공사였다. 이범진은 상트페테르부르크 자택에서 목을 매고 단총 세 발을 쏘아 자결했다. 이범진이 고종에게 남긴 유서다. "우리나라는 망했습니다. 폐하는 모든 권력을 잃었습니다. 저는 적을 토벌할 수도, 적에게 복수할 수도 없는 이 상황 앞에서 깊은 절망에 빠져 있습니다. 자결 외에 제가 할 수 있는 일이 없습니다. 오늘 목숨을 끊습니다. 1911년 1월 26일 이범진" 헤이그 특사 이위종(李瑋鍾, 1887~?)은 이범진의 둘째 아들이다. 이범윤이 있었기에 안중근이 있었고, 만주 지역에서 독립운동의 역사가 쓰여질 수 있었다. 이범진이 있었기에 대한제국의 마지막 몸부림이 있을 수 있었다.

김알렉산드라(1885~1918)의 죽음은 기억해야 한다. 조선인 노동자의 떼인 노임을 받아준 철도 노조의 전설인 김두서의 딸, 열다섯 살에 아버지 대신 통사(通事)가 된 소녀, 사범학교를 나온 여교사, 우랄 벌목장의 영웅, 우랄 빼르미 공단 노동자의 대변인, 조선인 최초의 사회주의자, 쏘비에트 극동인민정부 외교부 장관(실제로는 하바롭스크 당서기 겸 극동 쏘비에트 외무위원). 그녀는 휜파 사령관

칼미코프의 고문에도 "나는 조선인이기에 볼세비키다. 침략과 차별, 착취에 시달리며 살아온 조선인이기에 누구보다 투철한 국제주의자가 된 것이다. 당신이 정녕 군인이라면 나를 깨끗하게 죽여라. 혁명가는 목숨을 구걸하지 않는다. 살기 위해 인민의 이상을 배반하지 않는다. 죽여라" 러시아 백군에 잡혀 총살 직전 그녀는 이렇게 유언을 남겼다. "내가 죽을 자리는 내가 정하겠다" 열세 걸음을 걸어 바위 위에 올라선 다음 "제가 방금 걸어온 열세 걸음은 제 심장에 새긴, 빼앗긴 조국 조선의 13도입니다. 조선 동포 여러분, 연해주에서 태어나고 자란 제가 밟아보지 못한 조선 13도에 여러분이 평등의 씨앗을 심고 해방의 꽃을 피워주십시오. 노동자, 농민의 자유와 권리를 위해 일해온 극동인민정부의 외교장관으로서 저의 마지막 인사를 여러분께 전합니다. 볼세비키 혁명 만세! 조선 독립 만세!" 김알렉산드라는 개인의 편안한 삶보다 무산계급의 해방과 조선민족의 독립을 위해 싸우다가 산화했던 수많은 여전사 중의 한 명이다.

최재형과 그의 가족 이야기다. "연해주에서 가장 성공한 사업가이자 자산가다. 홍범도, 안중근 등에게 군자금을 제공한 그는 1920년 4월 7일 일본군에 의해 처형됐다. 일본군은 그의 시신마저 없앴다. 러시아는 그의 가족들을 일본 간첩으로 몰아 살해했다. 대한민국 정부는 묻힐 시신조차 남기지 못한 채 외로운 영혼으로 돌아온 그의 허묘마저 없애버렸다" 서간도의 이회영 형제, 봉오동의 최진동 형제, 연해주의 최재형, 그리고 독립전쟁에 재산을 헌납

한 수많은 민중, 그들이 있었기에 무장독립전쟁이 가능했다.

소설 『범도』 중 절대 잊으면 안 되는 장면 몇 가지다. "전쟁에 져서 빼앗긴 나라는 있어도 국무를 맡은 자들이 문서에 도장을 찍어 팔아넘긴 나라는 동서고금에 없었다" 대한제국의 멸망을 압축적으로 표현했다. 너무도 가슴 아픈 글이다. 토착 왜구들이 발호하는 현실이다. 역사가 반복되면 안 된다.

안중근과 홍범도의 대화다. "퇴로는 확보해야 하지 않소?" "퇴로는 필요치 않습니다" "수괴 한두 두를 잡는다고 전세가 달라지겠소?" 내 질문이 끝나기 무섭게 안중근이 되물었다. "왜군 수백 두를 잡으면 전세가 달라집니까?" 나는 말문이 막혔다. "제가 적의 수괴 한 두를 잡는다고 해서, 장군님께서 일본군 수백, 수천 두를 잡는다고 해서 물러날 일본이 아니겠지요. 그걸 몰라서 우리가 지금까지 싸운 건 아니지 않습니까? 싸우면 어떻게 되는지를 몰라서가 아니라 아무도 싸우지 않으면 어떻게 되는지를 아니까 싸우는 것이지요" '臨敵先進 爲將義務(적을 맞아 먼저 전진하는 것이 장수의 의무다)' 안중근 참모중장의 유묵을 보고 있는 듯하다.

홍범도 장군이 고려령 1고지를 떠나기 전(청산리 전투)에서 주저하는 지휘관들에게 남긴 말이다. "나라가 망한 이래로 우리가 의병이 되어 목숨을 내걸고 싸운 것은 반드시 이길 수 있을 것이라 믿어서는 아니었소. 이기고 지고를 떠나 오직 의로써 싸워왔소. 그렇게 싸우다가, 저격여단의 창설자 김수협과 항일연합포연대의 청년 중대장 현창하, 부중대장 이정재, 대한의군 참모중장 안중근이 전사했소. 박한과 리범진은 스스로 목숨을 내던지며 항거했고, 허위와 박장진이 장렬하게 형장의 이슬로 사라졌소. 그들이 싸워왔기에 오늘의 싸움이 있소, 우리가 포기하지 않아야 언젠가, 대한의 누군가가 못다 한 우리의 이 싸움을 이어갈 것이오. 그렇지 않소" 21세기 대한민국에서도 의로운 싸움은 계속되고 있다.

홍범도와 지청천과의 대화다. "장군님도 독립이 되면 하시고 싶은 일이 있지 않겠습니까?" 나에게 그런 날이 오지 않을 것이오, 라고 나는 그에게 말하지 못했다. "포수는 표적을 향해 방아쇠를 당기는 자요, 무엇을 만드는 자가 아니오, 나는 부술 것만 확실히 부수고 갈 테니, 지 사령관은 독립하는 그날이 오면 다시는 아무도 넘볼 수 없는 나라를 만드시오" "그런 날이 올까요" "그날은 밤의 도둑처럼 올 것이오" "그 도둑이 오늘 밤에 왔으면 좋겠습니다" 백무아의 언어 '밤의 도둑처럼'이 있다. 지청천은 1933년 7월 대전자령에서 일본군을 크게 물리쳤다. 이 전투는 봉오동 전투, 청산리 전투와 함께 무장독립전쟁 3대 대첩으로 평가받는다.

『범도』의 방현석은 "백 년 전 홍범도와 백무아가 억압과 차별, 불의를 향해 발사한 마지막 한 발의 탄환은 아직 탄착점에 도착하지 않았다. 일격필살의 저격수였던 그들의 탄환은 빗나간 적이 없으므로 반드시 표적의 정중앙을 관통할 것이다"라며 범도의 길이 현재진행형임을 말하고 있다.

무장독립전쟁에 나섰던 선열들은 일제의 총칼에 죽고, 고문에 죽고, 맞아서 죽었다. 굶어서 죽고, 얼어서 죽었다. 흔적도 없이 죽어갔다. 그래도 굴하지 않고 좌절하게 않았다. 끝까지 싸웠다. 범도루트는 선열들이 투쟁했던 현장과 산화했던 역사, 즉 평범한 사람들이 만들어 갔던 비범한 길을 확인하는 여정이었다. 범도의 길, 만주 벌판 곳곳엔 장렬한 죽음의 지층이 켜켜이 쌓여 있었다. 그 토양 위에 세워진 대한민국이 진정한 독립 국가, 더 좋은 민주제 나라로 우뚝 서기를 바라는 마음이다. 2024년 만주에서의 여름휴가, 그곳에서 만난 범도루트의 동지들, 그리고 방현석 작가에게 감사의 말씀을 올린다. 마지막으로 많은 시민이 소설 『범도』를 읽고 '범도루트'에 참여했으면 좋겠다.

범도루트 깃발

두만강변 북녘을 배경으로 방현석 작가와 함께

한인 최초 사회주의 정당 건설의 산파역 김악렉산드라(공훈전자사료관)

최재형, 연해주에서 가장 성공한 사업가, 1910년대 연해주 독립운동의 중심이었다.
1920년 4월 7일 일본군에 의해 처형됐다.(공훈전자사료관)

한국 광복군 총사령관 시절의 지청천 장군(공훈전자사료관)

나라를 위해 몸을 바치는 것은 군인의 본분이다
(안중근의사 기념사업회)

적을 만나 앞장서는 것은 장수된 자의 의무다
(해군사관학교 박물관)

제1부 만주滿洲에서 여름 휴가

〈단행본〉

고구려연구재단. 2005. 『만주 그땅, 그 사람 그리고 역사』. 고구려연구재단.
기세찬 외. 2023. 『전쟁의 역사』. 사회평론 아카데미.
김훈. 2022. 『하얼빈』. 문학동네.
김명섭. 2008. 『이회영-자유를 위해 투쟁한 아나키스트』. 역사 공간.
김삼웅. 2005. 『단재 신채호 평전』. 시대의 창.
김삼웅. 2009. 『안중근 평전』. 시대의 창.
김삼웅. 2019. 『대한독립군 총사령관 홍범도 평전』. 레드우드.
김삼웅. 2019. 『의열단 항일의 불꽃』. 두레.
김인식. 2022. 『조소앙 평전』. 민음사.
김종훈. 2019. 『약산 로드 7000㎞』. 필로소픽.
김학철. 2022. 『격정시대 상·하』. 보리.
김학철. 2022. 『최후의 분대장』. 보리.
김해양. 2007. 『김학철 평전』. 실천문학사.
김호일. 2010. 『대한국인 안중근 사진과 유묵으로 본 안중근 의사의 삶과 꿈』. (사)안중근 의사 숭모회.
로버트 스칼라피노. 2015. 『한국 공산주의운동사』. 돌베개.
박노자. 2021. 『조선 사회주의자 열전』. 나무연필.

박영준. 2020. 『제국 일본의 전쟁 1868~1945』. 사회평론 아카데미.
방현석. 2023. 『범도 1·2』. 문학동네.
서재진. 2006. 『김일성 항일무장투쟁의 신화화 연구』. 통일연구원.
신정호 외. 2018. "정율성 음악세계와 현대성의 지평". 『광주학 총서 9』. 광주문화재단.
신주백. 2021. 『일본군의 한반도 침략과 일본의 제국 운영』. 동북아역사재단.
신주백. 2005. 『1920-30년대 중국지역 민족운동사』. 도서출판 선인.
심지연. 2009. 『최창익 연구』. 백산서당.
안중근. 2014. 『안중근 의사 자서전』. 종합출판 범우.
여동구. 2022. 『독립유적지 동행하기』. 북랩.
염인호. 2004. 『조선의용군의 독립운동』. 나남출판사.
윤태옥. 2018. 『중국에서 만나는 한국 독립운동사』. 섬앤섬.
이건상. 2007. 『항일음악전사 정율성』. 대동문화.
이윤옥. 2014. 『서간도에 들꽃피다 4』. 얼레빗.
이원규. 2019. 『민족혁명가 김원봉』. 한길사.
이현주. 2019. 『한국광복군 총사령 지청천』. 역사공간.
최백순. 2017. 『조선공산당 평전』. 서해문집
최성주. 2020. 『최운산, 봉오동의 기억』. 필로소픽.
최올가패트로브나 외. 2019. 『나의 아버지 최재형』. 상상.
한국언론인협회. 2021. 『세계에 남겨진 독립운동 현장 1·2』. 한국언론인협회.

〈학술논문 및 언론자료〉

강응천. 2023. "남북한의 안중근 인식 비교". 『인문과학연구 제78집』. 강원대학교 인문과학연구소.
고승룡. 2018. "만주국 시기 동만지역 일위특무조직과 특무 밀정들의 침략죄행연구". 『2018년 한국보훈노총 제17권 제4호』. 한국보훈학회.
곽승지. 2023. "조선족 사회와 조선족 '마음의 고향' 연변조선족자치주의 변화 실상". 『통일과 평화 15권 2호』. 서울대학교 통일평화연구원.

김경준. 2023. "1920년 북간도에서의 최진동의 항일무장투쟁".『동북아역사논총 제82호』. 동북아역사재단.

김동일. 2022. "'731부대 유적'의 고고학적 조사 성과와 의미".『동북아역사논총 제78호』. 동북아역사재단.

김명섭. 2021. "조선의용대(군)의 항일음악 창작과 문화활동".『한국근현대사 연구 제97집』. 한국근현대사학회.

김봉렬. 2004. "海外 韓人社會의 抗日獨立運動基地 건설".『가라문화 제18집』. 경남대학교 가라문화연구소.

김봉렬. 2005. "1920년 滿洲地域 抗日武裝鬪爭의 推移".『가라문화 제19집』. 경남대학교 가라문화연구소.

김봉렬. 2010. "일제하 재만 항일무장투쟁의 추이와 의미(Ⅰ)".『군사연구 제130호』. 육군군사연구소.

김영환. 2022. "독립군 무장기지 '봉오동'에 대한 새로운 접근과 평가-최진동·최운산 형제의 역할을 중심으로-".『군사연구 제154집』. 육군군사연구소.

김재중. 2005. "안심해! 해가 뜨듯, 좋은 세상이 와".『월간 말 제225호』. 월간 말.

김주용. 2010. "황병길의 생애와 독립운동".『한국독립사연구 제37집』. 한국독립운동사연구소.

김주용. 2011. "鄭律成의 생애와 항일민족운동".『동국사학 제51집』. 동국사학회.

김주용. 2018. "의사 김필순의 생애와 독립운동".『연세의사학 21권 1호』. 연세대학교 의학사연구소.

김주용. 2021. "1920년 제국주의 일본군의 간도침략과 한인 대학살: 통제와 은폐".『만주연구 제31집』. 만주학회.

김주현. 2004. "국제주의와 유교적 지사 의식의 결합 -김준의 작품 세계-".『국제한인문학연구 창간호(2004.10)』. 국제한인문학회.

김춘옥·이홍석. 2022. "상해 일본총영사관의 한국 독립운동에 대한 감시와 탄압"『동북아문화연구 제70집』. 동북아시아문화학회.

김해양. 2010. "김학철의 혁명 생애와 그가 만난 역사 인물들"『역사비평 2010년 봄호』. 역사비평사.

류연산. 2006. "조선족의 개성 김학철 선생을 말한다".『월간 말 제244호』. 월간 말.

민영. 1995. "혁명적 로맨티스트의 자서적 수필"『창작과 비평 1995년 봄호(통권 87호)』. 창비.

박종우. 2023. "중국공산당 역대 역사결의 비교분석: 역사적 교훈과 시진핑 체제에의 적용".『중국연구 94호』. 한국외국어대학교 중국연구소.

박주신. 2011. "북간도 민족교육의 요람 명동학교".『독립기념관 제277호』. 독립기념관.

박진숙. 2007. "중국 조선족 문학의 디아스포라와 '김학철 문학상'".『한국현대문학회 학술발표자료집』. 고려인 강제 이주 70주년 기념 학술대회.

박찬승. 2013. "백두산의 '민족 영산'으로의 표상화".『동아시아문화연구 제55집』. 한양대학교 출판부.

박태일. 2017. "평양 시기 김학철의 전투실기「호가장 전투」".『국제한인문학연구 제19호』. 국제한인문학회.

반병률. 1999. "3·1운동과 만주·노령지역의 민족운동".『한국독립운동사 연구 제13집』. 독립기념관 한국독립운동사연구소.

반병률. 2000. "간도(間島) 15만 원 사건의 재해석".『역사문화연구 제12집』. 한국외국어대학교 역사문화연구소.

반병률. 2008. "세브란스병원의학교 제1회 졸업생들의 독립운동".『延世醫史學 제11권 제1호 통권 제232호』. 연세대학교 의사학과.

서영채. 2005. "기원의 신화를 향해 가는 길: 최남선의『백두산 근참기』".『한국근대문학연구 제12호』. 한국근대문학회.

백형우·홍정완. 2006. "박서양의 의료활동과 독립운동".『醫史學 제15권 제2호』. 大韓醫史學會.

손염홍. 2024. "중국의 안중근 연구 경과와 안중근 유해 발굴에 대한 인식".『한국학논총 62호』.국민대학교 한국학연구소.

송한용. 2007. "鄭律成의 사상형성과 지향".『역사학연구』. 호남사학회.

신주백. 2020. "1920년의 임시정부 독립전쟁론과 북간도 지역 독립군".『한국독립사연구 제106집』. 한국민족운동사학회.

신주백. 2018. "석고화한 기억의 재구성과 봉오동전투의 배경".『만주연구 제26호』. 만주학회.

연남경. 2014. "김학철의 〈격정시대〉에 나타난 만주와 역사의 재현".『현대소설연구 제55호』. 한국현대소설학회한국역사연구회.

오병수. 2020. "시진핑 시대 중국의 역사정책과 자국사의 재구성: 『歷史: 中外歷史綱要』 과목의 개설 배경과 이데올로기" 『역사교육 156호』. 역사교육연구회.

윤휘탁. 2015. "중국의 '백두산 중국화' 전략". 『동북아역사논총 제48호』. 동북아역사재단.

윤휘탁. 2024. "중국의 백두산 관광정책과 뉴패러다임". 『동북아역사논총 제84호』. 동북아역사재단.

이경분. 2023. "정율성 항일 독립운동사의 슬픈 자화상". 『음악과 현실』. 민족음악학회.

이계형. 2020. "중국 만주지역 독립운동과 여성항일운동". 『여성과 역사 제33집』. 한국여성사학회.

이명화. 1988. "1920年代 滿洲지방에서의 民族敎育運動". 『한국독립운동사 연구 제2집』. 독립기념과 한국독립운동사연구소.

이명화. 2007. "북간도 명동학교의 민족주의교육과 항일운동". 『백산학보 제79집』. 백산학회.

이상훈. 2020. "「봉오동 부근 전투상보」를 통해 본 봉오동전투". 『한국독립운동사 연구 제72집』. 독립기념과 한국독립운동사연구소.

이상훈. 2022. "『우츠노미야 타로 일기』를 통해 본 봉오동전투". 『백산학보 제123집』. 백산학회.

이영찬. 2024. "안중근의 가치관과 군인정신에 대한 연구". 『정신전력연구 제77호』. 국방정신전력원.

이해영. 2019. "김학철의 반제혁명 인식의 발전과 작가적 성장 초기 창작을 중심으로". 『민족문학사 연구 제71호』. 민족문학사학회 민족문학사연구소.

장세윤. 2021. "1920년 봉오동전투와 청산리독립전쟁의 주요 쟁점 검토". 『재외한인연구 54』. 재외한인학회.

주인석. 2021. "우당 이회영과 단재 신채호의 아나키스트 활동: 항일구국투쟁의 동행". 『민족사상 3호』. 한국민족사상학회.

조이현. 1994. "한 사회주의자의 삶, 믿음, 그리고 희망" 『한국역사연구회회보 21』. 한국역사연구회.

천춘화. 2023. "붉은 용정(龍井): 1920년대 용정 사회주의 사상의 지리". 『한국학 연구』. 인하대학교 한국학연구소.

최혜린. 2017. "'간도일본총영사관 전시관'의 기억과 기념". 『만주연구 제23집』. 만주학회.

한철호. 2009. "明東學校의 변천과 성격" 『한국근현대사연구 제51집』. 한국근현대사학회부.

황재문. 2023. "불멸, 영웅, 하얼빈: 의거 100주년 안중근의 세 가지 형상". 『춘원연구학보 제27호』. 춘원연구학회.

周愛民(Zhou Ai-min). 2016. "한·중·일 대만 근대 감옥의 설립 배경과 특징에 관한 비교 연구". 『한국근현대사 연구 제78집』. 한국근대사학회.

〈주요 인터넷 사이트〉

http://hongbumdo.org/ 홍범도장군 기념사업회
http://leehoeyeong.com/ 이회영 기념관
http://www.731museum.org.cn/ 侵華日本軍第七三一部隊罪證陳列館
https://archive.much.go.kr/archive/newspaper/index.do 대한민국역사박물관 독립신문
https://blog.naver.com/snmblove/223116796625 국립서울현충원 블로그
https://e-gonghun.mpva.go.kr/user/index.do 공훈전자사료관
https://encykorea.aks.ac.kr/ 한국민족문화대백과사전
https://greatkorean.org/ 안중근 의사 기념사업회
https://i815.or.kr/ 독립기념관
https://newslibrary.naver.com/search/searchByDate.naver 네이버 뉴스 라이브러리
https://search.i815.or.kr/main.do/ 한국독립운동 인명사전
https://yoondongju.yonsei.ac.kr/yoondongju_m/ 연세대학교 윤동주 기념관

2014년 ~ 2024년

| 언론사 기고문 모음 |

제2부

통합진보당 해산심판은
베니스위원회 기준에 따라야 한다

2004년도 헌법재판소가 공법학회에 의뢰해 작성된 보고서가 있다. 보고서의 제목은 "정당해산심판청구에 관한 연구"다. 2004년은 민주노동당이 10석의 의석을 얻어 원내 제도권 정당으로 자리 잡은 직후다. 우연의 일치일까? 진보세력이 원내에 진출하자마자 헌법재판소는 정당해산에 관한 종합적인 보고서를 발간했다. 9년이 지난 후 정부는 통합진보당에 대한 해산심판을 청구했다. 15개월여 헌재에서 지리한 논쟁이 진행됐다. 2014년 11월 25일 통합진보당 해산심판 최종 변론이 종료됐다. 이제 통합진보당의 운명은 헌법재판관들의 판단에 달렸다. 개인적으로 통합진보당을 지지하는 것은 아니다. 하지만 당초 통합진보당에 대한 정부의 해산심판은 근본적으로 잘못된 것이라 생각한다.

그 이유는 첫째, 통합진보당은 국민 속의 정당으로 뿌리를 내리고 있다. 2012년 말 기준 당원 수는 104,692명이다, 이중 당비납부 당원(진성당원)은 41,444명이다. 당비 납부율은 39.3%다. 19대 국회의원을 배출한 정당 중 진보정의당 다음으로 높은 납부율이다. 또한 중앙당을 비롯해 16개 시도당이 존재하며, 시도당별로 평균당원수는 6,543명이다. 현역 국회의원도 6명이다, 20세기 미국 정치학의 거두로 불리우는 키(V. O. Key)는 정당의 특징을 "① 유권자 속의 정당, ② 정부 속의 정당, ③ 조직으로서의 정당"으로 규정한 바 있다. 통합진보당은 키가 규정하는 3가지 특징에 손색이 없는 정당으로서 기능하고 있는 것으로 보인다.

둘째, 청구의 근거가 빈약할 뿐만 아니라 근거가 되는 사건에 대한 사법적 판단이 종료되지 않았다. 해산심판청구 사유는 이석기 의원의 내란음모사건이 핵심적 요소다. 정부는 헌법 제8조 4항의 '민주적 기본질서 위배'에 해당하는 사건이 이석기 의원 사건이라고 주장하고 있다. 그러나 2심에서 이석기 의원의 내란음모혐의는 입증되지 않았다. 만약 내란음모혐의에 관한 사법부의 최종 판단이 내려지기 전에 헌법재판소가 해산의 결론을 내린다면, 1958년도 진보당을 해산시킨 이승만 정권과 다를 바가 없다는 비판에 직면할 것이다.

세 번째, 정권의 성격에 따라 정당이 규제되는 것은 정치적인 탄압이란 해석이 있을 수 있다. 1958년 진보당 등록 취소사유는 ① 진보당은 대한민국의 국법과 유엔의 결의에 위반되는 통일방안을 주장하고 있다. 즉 북진통일론에 배치된다는 것이다. ② 진보당의 간부들은 북한괴뢰집단이 밀파한 간첩과 밀사와 파괴공작조들과 항상 접선하여 왔다. ③ 공산당 비밀당원과 공산당 방조자들을 의원에 당선시켜 가지고 그들을 통해 대한민국을 파괴하려고 기도하였다는 점'이었다. 2013년도 통합진보당 해산 청구 사유는 과거의 사건과 여러 가지 측면에서 일맥상통하다. 법무부는 헌재에 제출한 청구 소장에는 통합진보당이 사실상 북한식 사회주의를 추구하고 있으며, 정전협정의 평화협정 대체, 주한미군 철수 등 북의 고려연방제 통일 방안을 추종하는 내용을 비롯해 당 강령의 내용 상당수가 우리 헌법이 부여한 민주적 기본질서를 벗어나 있다고 지적했다. 또한 통합진보당 간부들의 활동을 해산의 필요성에 포함시킨 것은 1958년의 데자뷰라고 해도 과언이 아니다. 정권의 성격에 따라 정당이 정치적으로 탄압받고 계속적으로 해산의 위기에 처한다면 그 국가는 민주국가로서 평가받기 힘들 것이다.

유엔의 헌법이라 불리우는 베니스위원회라는 기구가 있다. 이 위원회는 동유럽의 구 사회주의 국가를 비롯한 체제 전환 국가들이 입헌민주주의와 헌법재판 제도를 도입하여 운영하는 데 도움을 주기 위해 창설됐다. 유럽의 회원국들을 대상으로 정당해산 관련 규약과 사례들을 조사하여 정당해산과 관련하여 다음과 같은 가이드라인을 제시했다. '첫째, 국가는 자유로운 정당 활동을 보장해야 하며, 정당의 등록의무 자체는 이러한 권리의 위반이라고 볼 수 없다. 둘째, 정당활동에 대한 제한은 유럽인권보호협약(European Convention for the Projection of Human Life)의 관련 규정에 반해서는 안 된다. 셋째, 정당의 강제해산은 민주적 헌정질서를 위협하는 폭력행사의 경우에만 정당화될 수 있다. 넷째, 전체로서의 정당은 당해 정당이 권한을 부여하지 않은 구성원의 개별적 행위에 대해 책임지지 않는다. 다섯째, 극단적 조치인 정당의 강제해산은 극히 제한적으로 사용되어야 한다. 여섯째, 정당의 강제해산은 정당의 개별적 구성원뿐 아니라 정당 자체가 위헌적 수단을 사용하거나 사용을 준비한다는 충분한 증거에 입각하여 독립적인 사법기관에서 위헌이라고 판단한 결과여야 한다. 일곱째, 정당 해산은 헌법재판소 등 적절한 사법기관에 의해 결정되어야 하며, 적법절차, 공개주의, 공정한 재판이 보장되어야 한다.'

헌법재판소는 베니스 위원회의 기준에 충실해야 할 것이다. 그렇지 않으면 헌법재판소는 이승만정권과 똑같은 잘못을 반복하게 될 것이다.

(2014. 12. 12. 전남일보 19면)

독도문제 해결을 위해
소프트파워 키워야

 2015년 들어 대한민국 땅 독도를 침탈하려는 일본의 구체적 행동이 현실화되고 있다. 일본은 새해 벽두부터 "한국이 갑자기 독도를 점령해 지금은 일본인이 접근할 수 없다"는 억지 주장을 늘어놓은 17분짜리 동영상을 유튜브에 올렸다. 1월 중순에는 일본이 독도를 자국 영토로 명시한 '2014년 방위백서' 한글번역 요약본을 한국에 전달했다. 한국의 대응은 언제나처럼 늑장대응 그 자체였다. 아마도 일본은 2월 22일 '다케시마(竹島·독도의 일본식 이름)의 날' 제정 10주년을 준비하며 독도 도발수위를 갈수록 높일 것으로 예상된다. 한국은 독도 문제에 대해 어떻게 대처해야 할 것인가?
 우선 독도 문제의 본질을 살펴보자. 독도 문제의 본질은 한국과 일본 간의 정치적 갈등이다. 국제정치의 한 시각인 현실주의 관점에서 보자면, 한국과 일본은 미국과의 동맹이 주는 안보상의 이득을 최대화하기 위해 한미일 3각 동맹을 공고히 하는 방향으로 행동했어야 한다. 그러나 현실주의 시각은 한일 갈등을 충분히 설명하지 못한다. 한일관계에는 역사적 특수성이 존재하기 때문이다.

침략과 피침략의 관계 등 역사문화적 전통을 기반으로 하여 양국의 국익을 규정하는 데 있어 어느 국제관계보다 특수하며 독특하기 때문에 외부에서는 쉽게 이해하기 힘들다. 특히 독도 문제는 일본 제국주의의 한국 침탈로부터 비롯된 과거사 문제와 결합되어 가장 중요한 갈등적 현안이 되었다. 하지만, 양국이 무력을 동원하여 해결을 시도할 가능성은 극히 희박하다. 따라서 독도 문제를 적극적으로 해소하기 위해서는 고도의 정치적 행위가 필요하다. 독도는 한국이 양보할 수 없는 핵심적 이익이므로 다양한 정책적 수단의 활용을 준비해야 한다.

2013년 10월 1일에 열린 『제8회 파주북시티 국제 출판포럼』에서 하루키 동경대 명예교수는 "동북아지역의 위기와 극복을 위한 방안"이라는 강연에서 동북아 영토문제 해결방안으로 다음의 3대 원칙을 제시했다. ① 관련 조약, 협정, 선언, 공동 성명의 중시와 활용 ② 섬의 현재 상황, 섬사람들의 삶을 최대한 보장해야 한다. ③ 섬과 주변해역, 해저자원의 처리에 있어서 관계국의 이해와 조화다.

한국은 독도문제 해결을 위해 하루키 교수가 언급한 것처럼 관련 협정과 선언을 최대한 활용해야 한다. 기본적으로 해양영토문제는 유엔해양법협약의 테두리 안에서 다루어지도록 제도화되어 있기 때문에, 우선 상호 이해와 협력의 정신에 입각하여 경계와 둘러싼 갈등을 해결하려는 노력을 기울여야 할 것이다. 유엔해양법협약에서 제공하지 않은 세부적인 법적 제도적 틀을 지역 차원에서 마련하는 일에 한국이 주도적으로 나서야 한다. 이를 위해서는 합의하기 쉬운 영역에서부터 상호간 이해를 증진시키는 작업이 필요할 것이다. 예를 들면 중국과 아세안(ASEAN) 국가들이 합의한 남중국해상 행동강령(Code of Conduct for the South China Sea)과 같은 합의를 한국이 주도적으로 제안하는 것이다.

두 번째, 일본의 의도를 정확히 이해하고 대응방안을 마련하는 것이다. 일본은 전통적으로 해양국가의 정체성을 가지고 있는 나라이다. 이러한 정체성은 최근 일본의 해양 정책을 포함하는 대외정책의 기조를 형성하는 데에 근본적인 영향을 미칠 수도 있다. 따라서 이러한 일본의 정체성에 대한 보다 심도 있는 이해를 기반으로 독도 문제와 관련한 대일본 대응책을 수립해야 할 것이다. 세종연구소 이종석 수석연구원은 지금까지 조용한 외교에서 벗어나 다섯 개의 영역에서 전략방향을 제시하고 있다. ① 독도 문제 본질의 명확한 확립 ② 실사구시의 독도정책 지향 ③ 독도연구의 강화 및 선택적 집중 ④ 국제사회의 지지 확보 추구 ⑤ 일본 국민의 인식 변화를 위한 노력 등이다.

세 번째, 한국이 동아시아의 강대국 사이의 중개자로 나서야 한다. 중국의 G2부상은 아주 중요한 변수다. 중국이 부상함에 따라 미국은 한국과 일본의 안보협력을 압박하고 있다. 이런 역학 관계 속에서 한국은 강대국들 사이에서 중개자의 역할을 할 수 있는 파워를 발휘해야 한다. 독자적으로 영토를 지키는 군사력을 확충하는 것은 당연한 일이지만, 현실적으로 군사력 행사에는 너무나 많은 장애요소와 변수들이 작용하기 때문에 보다 적극적인 다자전략을 수립하여 독도 문제를 정리하는 혜안을 발휘해야 할 것이다.

네 번째, 물리적 충돌이나 외교적 마찰의 경우에 대한 대응책이 함께 강구되어야 할 것이다. 한국을 비롯한 동북아 제국의 노력과는 별도로 일본의 내적 요인에 의해서 독도갈등이 증폭될 가능성에 대해서도 대비해야 한다. 일본 정부는 모르는 척하고 나타날 수 있는 일과성 도발에 대한 대책이 마련되어야 한다. 범정부적 대응 체제를 구축하여 위기를 슬기롭게 극복해야 한다.

다섯 번째, 독도 문제에 대해 한국과 북한의 공동대응도 필요하다. 만약 남북정상회담이 성사된다면, 6.15 및 10.4 선언의 이행, 개성공단의 안정화, 금강산관광의 재개 등 다양한 논의가 진행될 것이다. 여기에 독도에 대한 남북공동학술조사를 필두로 다양한 접근을 의제로 삼아야 한다. 독도 문제를 공동 과제로 상징화할 경우, 일본에 대한 효과적 압박수단으로 작동될 것으로 예상된다.

과거 스탈린은 "교황 휘하에 몇 개의 사단이 있는가?"라고 조롱하듯이 바티칸을 비웃었다고 한다. 그럼에도 바티칸은 여전히 막강한 소프트파워를 행사하고 있다. 독도문제를 해결하기 위해서는 한국의 소프트파워를 키워야 할 것이다.

(2015. 02. 24. 광주일보 23면)

광주광역시의회 인사청문회는 통과의례가 아니다

얼마 전 광주광역시의회에서 김대중컨벤션센터 사장과 여성재단 대표이사 인사청문회가 개최됐다. 인사청문회는 윤장현 시장의 공약사항이다. 시장의 소신은 '응당 산하기관 기관장은 인사청문회를 통해 능력과 도덕성을 검증받아야 한다'는 것이다. 그러나 지역에 기관장인사 논란이 일자 작년 11월 임택 의원이 시정질문을 통해 수면 위로 끌어 올렸다. 이후 의회와 집행부의 논의가 몇 달에 걸쳐 치열하게 진행됐다.

논의과정에 의회를 대표하여 주경님 행정자치위원장, 조오섭 의원, 임택 의원이, 집행부에선 강신기 기획조정실장, 정민곤 안전행정국장, 김재철 참여혁신단장이 참여했다.

이후 시장과 의장은 2월 25일 '광주광역시 지방공기업 등의 장에 대한 인사청문 업무 협약서'에 서명한다. 협약서는 총 7개 조항으로 구성됐고, 청문대상기관은 23개 산하기관 중 도시공사, 도시철도공사, 김대중컨벤션센터, 광주환경공단, 빛고을노인복지재단, 광주여성재단, 광주문화재단, 광주신용보증재단 등 8개 기관으로 정했다.

예산 및 정원의 규모와 각 부문별 대표성을 반영해서 정했다.

의회는 인사청문특별위원회를 구성해서 청문을 진행하기로 했으며, 청문 대상자는 직무수행계획서 등 7개의 서류를 의무적으로 제출하고 의회에서 요구하는 추가적 자료를 제출하기로 했다.

이런 과정을 거쳐 3월 30일 김대중컨벤션센터 윤재만 사장 내정자의 인사청문회가, 4월 15일, 16일 이틀간 광주여성재단 장혜숙 대표이사 인사청문회가 개최됐다.

불행하게도 4월 9일 윤재만 내정자는 의회의 부적격 의견 때문에 자진사퇴했고, 21일 장혜숙 대표이사는 사전내정설 등 논란 속에 임명됐다.

2차례의 인사청문회를 통해 보완해야 할 문제점은 무엇일까?

첫째, 인사청문회에 대한 집행부의 태도가 가장 큰 문제다. '하지 않아도 되는 것 아니냐'는 의식이 저변에 존재하는 것 같다. 대표적인 사례가 자료제출을 거부하는 것이다. 집행부에서 나름의 논리를 세우긴 하지만 의회를 설득할 만한 결정적 법적근거가 부족할 뿐만 아니라 오히려 의회를 자극하기도 했다. 오죽하면 서미정 여성재단 인사특위 위원장은 4월 20일 본회의장에서 "자료를 제출하지 않은 것에 대해 심히 유감스럽게 생각하며 의회의 자료요구권을 묵살하는 것은 지방자치의 근본원리를 부정하려는 불순한 정치적 의도가 아니냐"고 항변했을까? 의회 안팎에서는 법적소송을 통해 자료요구권을 명확하게 하자는 강경론이 대두되는 현실이다.

둘째, 청문 대상자의 준비 부족 또한 큰 문제다. 청문회에선 지원동기를 비롯해 도덕성, 가치관, 공직관, 업무수행능력 등을 따진다. 시의원들은 면책특권이 없어 질문하는데 한계를 갖고 있다. 결국 업무수행능력을 중심으로 질의하는 경우가 대부분이다. 그러나 두 차례의 청문회를 진행하면서 청문 대상자들은 업무파악, 전문성, 비전제시 등에서 많은 점수를 받지 못했다. 만약 청문 대상자와 집행부의 담당부서, 해당 기관이 팀플레이를 통해 인사청문회를 준비했다면 좀 더 성과 있는 청문회가 되었을 것이라고 생각한다.

셋째, 인사청문 경과보고서의 한계다. 인사청문회가 지방자치법이나 조례를 통해 열리는 청문회가 아닌 만큼 스스로 한계를 가지고 출발했다.

향후 지방자치법 또는 지방공기업법의 개정을 추진해 인사청문회의 법적권한을 강화하여야 한다. 특히 결과의 송부, 즉 경과보고서의 채택과정에서는 종합의견으로 장단점을 기재하되 적격 여부를 기재하지 않기로 한 점은 청문보고서의 결정적 흠결로 보인다. 청문결과에 대해 의회가 명확한 입장을 밝히지 못하는 것이야말로 문제라는 생각이다.

한편 광주시의회의 인사청문회는 국회 선례와 비교해 봐도 이채롭다. 우선 청문회를 마친 후 5일 이내 경과보고서를 본회의에 보고해야 하는 규정을 지키기 위해 휴일에 인사청문특별위원회를 열어 경과보고서를 채택했다. 국회선례집에 의하면 국회에서 휴일에 위원회를 개회한 예가 총 12건에 불과하다.

또한 광주광역시의회 기본조례 제40조에 의거 외부 전문가를 각각 2명씩 위촉하여 진행했다. 국회 상임위원회에서 전문가를 위촉한 경우는 5회, 국정감사는 7회였다. 앞으로 국회 선례와 비교하면서 청문회를 지켜보면 훨씬 흥미로울 것으로 생각한다.

인사청문회는 시장이 산하기관의 장을 임명할 때, 의회의 검증 절차를 거쳐 집행부를 견제하는 제도적 장치다. 의회가 시장을 견제할 수 있는 하나의 장치로 작동해야 한다. 또한 시장의 정치적 판단을 의회가 검증함으로써 책임을 분산시키는 효과도 있다.

향후 청문 대상자는 인사청문회를 단순한 통과의례가 아닌 반드시 거쳐야 하는 절차로 인식해야 한다. 그래야 인사청문회를 도입한 의의를 살릴 수 있다.

(2015. 05. 12. 무등일보 19면)

광주로부터 출발한 아시아 인식공동체,
광주진료소의 과제

지난 17일 캄보디아 캄퐁스프에선 광주진료소 개원 1주년 행사가 진행됐다. 그 자리엔 윤장현 광주시장, 조영표 의장, 오우 삼 오른 주지사가 참석하는 등 대성황을 이뤘으며, 2000여 명의 주민들이 진료를 받기 위해 장사진을 쳤다고 한다. 광주의료진들의 뛰어난 실력과 헌신적 봉사활동 또한 주민들에게 감동을 주었기 때문이라고 생각된다.

캄퐁스프 주민들은 왜 광주의료진을 신뢰하는 것일까?

캄보디아 민중은 현대세계사에서 가장 악랄한 대량학살을 경험했다. 킬링필드(The Killing Fields)다. 1975년부터 1979년, 폴포트 정권은 캄보디아를 원시공산사회로 돌리려 했다. 수많은 지식인을 죽였으며, 국가기간시설도 파괴했다. 교육과 의료 인프라도 완전히 파괴되었으며, 더욱이 모든 의사와 간호사를 살해했다. 상상하기도 힘든 일이다. 이후 국제사회는 40여 년 전의 파괴를 복구하기 위해 적극적으로 지원하고 있다. 한국도 예외는 아니다. 캄보디아는 이를 바탕으로 인프라를 재건하고 있지만 아직까지는 세계 최빈국이며, 빈부격차와 지역격차는 심화되고 있는 것으로 평가받고 있다.

한편, 80년 5월 광주지역의 의료진은 한국전쟁 이후 한국현대사에서 아무도 경험해보지 못한 상황에 접했다. 전두환 등 신군부의 집단발포와 무자비한 폭력은 당시 전남대병원, 기독병원, 적십자병원 등 각종 병원을 전쟁터의 야전병원으로 만들었다. 그 상황 속에 형성된 의료진의 헌신적인 대처, 그리고 시민들의 자발적인 헌혈과 자원봉사 등 5월 광주의 경험이자 미담이다. 우리는 이것을 '광주정신' 중의 하나로 해석하고 있다. 이런 광주의 역사적 경험은 광주만의 경험이다. 다른 도시는 흉내낼 수 없다. 광주정신을 바탕으로 광주의료인들은 단순 해외 의료 봉사를 넘어 '나눔, 연대 희생'을 모토로 하는 '광주진료소'가 창조하고 있다.

캄퐁스프와 광주의 만남은 광주로부터 출발한 '아시아 인식공동체'라고 볼 수 있다. 인식공동체(epistemic community)는 미국 국제정치학자인 피터 하스(Peter M. Haas)가 제시한 용어로 유럽통합에 상당한 영향을 미친 것으로 알려져 있다.

그렇다면 광주진료소의 과제는 무엇일까?

첫 번째 광주진료소는 광주의료5단체를 중심으로 진행되고 있지만, 자칫 인맥 중심으로 소그룹으로 해석될 소지가 있다. 특히 광주진료소를 주도적으로 이끌고 있는 (사)희망나무를 많은 시민과 전문가들이 참여하는 조직으로 탈바꿈시켜야 할 것이다. 시민참여(civic engagement)를 확대하여 지속가능한 국제단체로 발전시켜야 한다.

두 번째, 광주진료소가 발전하기 위해서는 광주시의 지방외교 차원의 지원이 요구된다. 조례에 의한 보조금 지급뿐만 아니라 지방자치단체 외교 차원으로 접근하여 광주진료소를 지원해야 한다. 현재 광주시의 자매도시와 우호도시는 일본 센다이, 중국 광저우, 장쯔이, 산서성, 낙양시, 미국 샌안토니오, 인도네시아 메단시 등이 있다. 여기에 광주진료소가 위치한 캄퐁스프나 제2 진료소가 들어설 네팔의 도시 등을 자매도시로 정해 교류를 확대해야 한다.

세 번째, 광주시 교육청의 지원도 이끌어 내야 한다. 향후 광주시교육청과 연계하여 학생교육프로그램으로 광주진료소 봉사활동이 이루어질 경우, 긍정적인 효과가 기대된다. 특히 광주 청소년들의 바른 인성함양과 세계시민으로서의 나눔과 봉사정신 함양을 효과를 기대할 수 있을 것이다.

네 번째, 광주진료소의 확대를 위한 다양한 각도에서 노력이 진행돼야 한다. 지난 2월 (사)희망나무의 대표단이 제2 광주진료소 설립을 위해 네팔을 방문한 바 있다. (사)희망나무와 같은 민간 NGO 차원을 넘어 국가적 차원의 구호활동이 가능하도록 한국국제협력단(KOICA)와의 유기적 협력도 필요하다.

마지막으로, 외국인 노동자를 위한 협동조합 형태의 광주진료소를 광주에 설치하는 것도 검토해 볼 만하다. 외국인노동자나 다문화가정을 대상으로 하는 의료협동조합을 조직하는 것이다. 광주시에 등록된 외국인은 1만7천여 명으로 광주시 전체인구의 1.14%에 해당되며, 2013년도 대비 1507명이 증가했다. 프랑스 SOS그룹이 운영하는 장조레스(Jean Jaurès) 병원은 벤치마킹할 만한 사례다. 이 병원은 아시아 아프리카 출신이나 가난한 이들이 많이 사는 파리 북부의 지역사회와 밀착해, 다른 의료기관과의 차별성을 확보하는 경영전략으로 적자를 벗어났다. 좋은 일을 하면서도 돈을 벌어, 공공성과 수익성을 함께 추구하고 있다. 광주진료소를 새로운 방향으로 고려함직하다.

(2015. 07. 22. 광주일보 23면)

반사이익과
광주정치

 추석 전날 가족들과 함께 광주기아챔피언스 필드에 갔다. 막판 5위 싸움이 치열한 가운데 열린 기아-SK전을 관람했다. 초반에 2대 1로 SK가 앞서나갔다. 중반 무명의 백용환이 만루홈런을 쳤다. 전세는 2대 5로 역전됐다. 그 당시 관중들은 남행열차를 열창하면서 기아의 승리를 응원했다. 합창이 끝나고 조용해질 즈음, 한 관중이 한마디 했다. 아마도 열성기아팬인 것 같았다. "비가 왕창 와야 한다. 강우콜드로 가야 승리가 확정된다"고 했다. 그러자 옆에 있던 다른 친구의 말은 더 재미있다. "주자가 3루에 있을 때 포수가 공을 놓치던지, 투수가 폭투를 해야 점수가 난다"고 했다. 어쨌든 그 경기는 5대 6으로 기아가 승리했다. 비는 내리지 않았으나 포수가 공을 놓쳐 1점을 더 획득했고, SK의 추격을 겨우 따돌린 것이었다. 그들의 예언은 반사이익을 노리는 말이었다. 그러나 맞아떨어졌다.
 추석 다음 날 고등학교 동창들을 만났다. 오랜만에 서울에서 내려온 친구들과 저녁식사를 했다. 물론 정치 이야기가 주를 이루었다. 천정배 장관의 신당은 가능성이 있는 걸까? 문재인이 이끄는

새정치민주연합은 희망이 있는가? 안철수의 대통령 가능성은 있을까? 반기문 UN사무총장이 대선에 출마할까? 다들 신문이나 방송에서 나온 이야기를 짜깁기하는 수준에서 각자 의견을 나누었으나 답이 있을리 만무하다.

그런데 자리를 마치고 택시기사님으로부터 답을 얻었다. 라디오에서 국립아시아전당에 관한 홍보방송이 나왔던 것 같다. 그는 "전당을 성공시킬 수 있는 사람이 정권을 잡으면 된다"고 말했다. 그는 도청 이전과 아시아 전당의 출발, 그리고 현재의 어려움을 일목요연하게 말씀하시면서 전당의 성공은 대한민국의 성공이며 지역갈등 해소의 열쇠라고 강력히 주장했다. 그의 주장을 간단히 정리하면 이것이다. "광주시민은 광주를 위한 정치적 선택을 해야 한다"는 것이다. 지금까지 정권만 잡으면 호남이 먹고 살 것 같았지만 결론을 따지고 보면 그렇지 않으며, 그렇게 때문에 광주는 이제 실용적 선택을 해야 한다는 취지다. 개인적 차원에서 100% 동의할 수 있는 논리는 아니다. 그러나 반사이익의 정치는 그만하자는 탁견이었다.

지금까지 광주의 선택은 전략적이라고 평가받고 있다. 그러나 이제는 전략적 선택을 버리고 새로운 선택의 길로 나서야 할 것이다. '전략적 선택'은 이미 호남의 언어가 아니고 전국화된 언어다. 선거 때가 되면 이 말은 충청도에 가서도 들을 수 있다. 지난 대선을 생각해보면 호남의 선택을 결정된 상황에서 대구경북이야말로 전략적 선택을 했다. 이제 호남의 선택은 전략적 선택보다 폭넓은 선택으로 전환돼야 한다. 앞으로 진행될 정치적 변화는 누구도 예측할 수 없다. 약자도 강자도 없으며, 진보와 보수의 구분도 명확하지 않을 것이다.

그렇다면 광주를 위한 정치적 선택이 무엇일까? 무엇보다 우선적인 것은 현실에 안주하는 정치인을 퇴출시키는 것이다. 동시에 광주의 대망을 제시하는 정치인을 선택해야 한다. 앞으로 전개될 광주정치는 2015년 기아타이거즈와는 달라야 한다. 광주는 실력과 내공을 겸비한 광주대표 정치인을 키워야 한다. 현재의 추세로는 광주시민들은 총선에서 다양한 선택을 할 수 있다. 지금까지 민주당, 2번에 기표했던 투표행태가 바뀔 가능성이 있다. 이 기회에 광주대표 정치인을 키워야 한다.

여의도 정가에 '광주를 대표하는 정치인인 누구인가'라는 질문은 던지면 '누구다'라고 곧바로 답변하는 사람들은 거의 없다. 이것은 광주의 아픔이다. 앞으로 대통령 후보급의 정치인이 나와야 한다. 광주로부터 출발하여 한반도의 꿈을 실현시키기 위한 역사를 설계해야 한다. 광주의 미래와 광주의 대표정치인, 그리고 대한민국의 희망이 만날 때 광주는 새로운 전기를 마련할 수 있다. 광주의 정치는 강우콜나 상대방의 실책을 기대하기보다는 정글에서 살아나고 정글을 장악할 수 있는 생명력 있는 강한 정치여야 한다.

여의도 정치에서는 간혹 월간 여성잡지에 나오는 정치인을 대통령 후보군으로 생각한다. 조만간 광주정치인 중 여성잡지에서 만날 수 있는 정치인이 나타나길 기대한다.

(2015. 10. 06. 무등일보 19면)

희망과 미래의
5월을 준비하자

최근 도올 김용옥 박사의 강의가 인기다. 도올은 서안사건을 일으켰던 장학량을 재조명했다. 흥미로운 접근이었다. 서안사건의 현장은 화청지다. 중국 서안으로부터 1시간 정도 거리에 위치한 화청지는 최근 대규모 관광지로 조성됐다. 장학량을 기리기 위한 것은 아니다. 당현종과 양귀비의 사랑을 중심으로 한 테마관광지를 조성됐다. '여산' 아래에 조성된 인공호수와 궁궐들이 한 눈에 들어온다. 두 사람이 목욕했다던 '해당탕'과 현종 전용의 '연화탕'이 복원됐다. 궁궐들은 안녹산의 난으로 인해 불탔다고 전해지는데 그 중 거인 불탄 흔적을 간직한 기둥도 볼 수 있다. 그곳을 지나 밖으로 나오면 양귀비상과 온천수가 있다. 온천수에는 관광객들이 손을 씻는다. 뭔가 행운을 기대하고 있는 것 같다.

여기까지는 별 재미없는 공간이다. 반전이 있다. 저녁이 되면 인공호수와 궁궐이 무대로 변한다. 그 무대 위에서는 장한가(長恨歌) 뮤지컬이 열린다. 당현종과 양귀비의 사랑, 안녹산의 난을 보여준다. 화려한 무대와 와이어 액션, 인공호수로부터 상하좌우로 움직이는 무대, 그리고 100여 명의 뮤지컬 배우들의 열연이 이루어진다. 사방이 어두워진다. 갑자기 앞산이었던 여산이 달과 별, 은하수를 상징하는 무대로 변신한다. 인공호수와 산이 무대가 되는 것이다. 중국어를 몰라도 그 뮤지컬은 이해할 수 있다.

참으로 흥미로운 것은 화청지에서는 1200년을 두고 두 나라가 망한 것이다. 당나라는 현종이 경국지색 양귀비에 빠져 안녹산의 난 등 민란을 겪고 난 뒤 망했다. 중국 국민당의 장개석은 먼저 공산당을 괴멸시키고 나중에 일본침략을 막으려고 했다.(必先安內後攘外) 그러나 장학량에 의해 감금됐다. 결국 국공합작 항일전쟁을 시작한다. 모택동은 죽기 일보 직전에 살아났고, 장개석은 다 된 밥에 코 빠트린 격이었다.

장한가 공연을 보고 나서 우리 일행은 많은 이야기를 나눴다. 광주는 이런 공연을 만들 수 없을까? 일행 중의 대다수는 '광주의 역사와 5월 광주의 스토리를 5.18민주광장과 분수대, 국립아시아 전당에서 작품으로 만들 수 있다면 좋겠다'는 희망을 서로 공유했을 뿐이다.

지금까지 광주를 중심으로 만들어진 공연예술은 상당수가 있다. 우선 마당극으로는 놀이패 신명의 '일어서는 사람들'은 매년 5월 금남로에서 공연되고 있다. '5월의 신부'는 황지우 선생의 연출로 20주년 때 서울 예술의 전당에서 공연됐었다. 19주년 때는 고 조태일 교수님과 고 문병란 교수님께서 대본을 썼던 오페라 '無等등등'이 공연됐었다. 그 외에도 기억하지 못한 공연들이 많을 것이다. 이런 공연들은 복원하거나 현대화시켜 광주의 공연으로 준비할 시점이 된 것 같다.

화청지가 중국의 역사를 두 번 바꾸었다면, 광주는 한반도 근현대사에서 두 번의 역사를 만들었다. 하나는 광주학생독립운동이고, 하나는 5.18광주민중항쟁이다.

마음속에 그려본다. 2020년 5월 17일, 광주극장에선 지금까지 상영됐던 5.18 영화가 상영된다. 그 옆에선 전국의 영화인들이 모여 5월의 영화를 이야기한다. 금남로와 충장로엔 5.18민중항쟁 40주년을 기념하는 수많은 광주시민과 국민이 운집한다. 곳곳에서 5월과 희망을 노래하는 버스킹이 열린다. 전국의 밴드들도 광주로 모여든다. 분수대에선 80년 민족민주화 대성회가 횃불로 재현된다. 구 도청을 복원한 벽면엔 광주를 상징하는 미디어아트가 펼쳐진다. 전당 내 강연장과 전시장엔 광주의 역사와 5월을 조명하는 학술대회와 아카이브가 열린다. 전당의 광장 벽면엔 사진으로만 남았던 걸개그림들이 걸린다. 그 안의 광장에선 새롭게 만들어진 뮤지컬 '5월의 노래'가 공연된다. 공연 속엔 광주의 역사와 희망이 5월을 통해 그려진다.

너무 큰 꿈은 아닐까? 아니다. 생각만 해도 가슴 벅찬 일이다. 많은 사람은 이제 5월을 잊자고도 한다. 그러나 광주의 5월은 역사의 현장이며 현재진행형이다. 5월은 이제 광주의 랜드마크가 됐다. '한과 눈물의 5월'이 아닌 '희망과 미래의 5월'을 그려본다.

(2016. 04. 05. 전남일보 19면)

광주시민과 국민은
기본에 충실한 정당을 지지할 것이다

지난주에 더불어민주당 당선자 워크숍이 광주에서 열렸다. 우상호 원내대표는 "우리는 승리자가 아닌 패배자로 오늘 호남을 방문했다. 우리에게 호된 채찍질을 한 호남민심 앞에서 잘못했다고 빌고 경청하러 왔다"고 밝혔다. 광주지역의 한 낙선자인 이형석 광주시 전 경제부시장은 페이스북에 "더불어민주당 당선자 워크샵을 광주에서 개최한다는 아침뉴스를 보면서 참 많이 씁쓸하네요. 광주는 아직도 싸늘한 시선으로 우리당을 지켜보고 있음을…!"이라고 자신의 심경을 표시했다. 아마도 워크숍이 내실있는 학습광장이 되길 바라는 마음을 표현했을 것으로 생각한다. 왜 광주에서 당선자 워크숍이 열린 것일까? 더불어 민주당은 호남에 근거한 정당으로서 최소한의 진심을 보여주려고 한 것이라고 생각한다.

지난 광주지역 20대 국회의원 선거 결과를 생각해본다.

광주시의 총 유권자는 1,158,221이며, 713,788명이 투표에 참여했다. 투표율은 61.6%다. 2004년에 실시된 17대 국회의원 선거가 60.2%의 투표율이었다. 2004년 이후 선거 중 2차례의 대통령 선거의 투표율은 각각 64.3% 80.4%였으며, 3차례의 지방선거는 각각 46.3%, 49.8% 57.1%였다. 수치상으로만 본다면 광주지역에서 양당이 대결하는 선거일 경우 60% 이상의 투표율이 나온다. 광주시민들은 어떤 형태이든지 독점은 좋지 않다는 통념을 받아들이는 모양새다.

다음은 지역구 득표율이다. 국민의당은 398,594표를 얻어 55.8%를 득표했다. 반면 더불어민주당은 241,276표로 33.8%를 점유했다. 득표 차를 보면 157,318표다. 이것을 8개 지역구로 나누면 평균 19,600명의 차이가 나는 것을 알 수 있다. 광주 전체를 놓고 15만 표라고 하면 큰 차이가 아닌 것도 같다. 그러나 지역구별로 1만9천 명이면 얼마나 큰 차이인지 알 수 있다.

전남지역의 한 당선자는 "마치 유령을 만난 것 같다"고 말 한 적이 있다고 하니 이번 선거의 바람은 정말로 거센 것이었다.

그렇다면 이번 선거와 비교할 만한 선거가 있을까? 17대 국회의원 선거를 생각해보자. 그 당시는 전통의 민주당과 신설정당 열린우리당의 대결구도였다. 노무현 대통령의 탄핵사건 이후 국회의원의 선거 결과 열린우리당이 석권했다. 흔히들 이 결과를 두고 '탄핵돌풍'이라고 한다.

'탄핵돌풍' 당시 열린우리당의 지역구 득표율은 53.49%였다. 이번 국회의원 선거에서 국민의당 득표율이 55.84%와 비교해 보면 수치상으로 볼 때 '탄핵돌풍'보다 '국민의당 녹색바람'이 더 센 것으로 나타난다.

그렇다면 국민의당, 더불어민주당의 지지도는 이대로 고착될 것인가?

17대 국회의원 선거와 2006년도 실시된 4회 지방선거 결과를 비교해보면 시사점을 찾을 수 있다. 17대 국회의원 선거에서 열린우리당이 얻은 표는 316,334표였다. 민주당은 213,362표였다. 지방선거에서 민주당이 광주시장과 5개 구청장을 석권했다. 5개 구청장의 득표를 보면 열린우리당은 138,445표, 민주당은 218,063표를 각각 획득했다. 결국 2년 사이에 열린우리당 표는 17만 7천표가 줄어들었고. 민주당은 4천 7백표 늘어났다. 열린우리당은 급격히 쇠퇴한 반면 민주당은 자기 세력을 굳건히 지켰다고 해석할 수도 있을 것이다.

불과 10여 년 전의 일이다. 광주시민의 민심은 "밀어 줄 때 확실히 밀어주지만. 회초리는 매우 거세다"는 것을 알 수 있다. 20대 총선이 끝나고 나서 한 달이 넘어서고 있다, 아직까지도 수많은 정치평론가들이 호남민심을 해석하고 있다. 선거민심은 사상누각에 지나지 않을 수도 있다는 단견이지만 정당의 노력 여하에 따라 굳건한 옹성을 구축할 수도 있다.

정치는 과거를 통해 현재를 해석할 수 있다. 다음 지방선거 전에 대통령 선거가 있어 수많은 변수가 존재한다. 그렇지만 17대 총선과 4대 지방선거 결과를 놓고 본다면 지방선거에서 더불어민주당의 선전을 기대할 수도 있을 것이다. 양당이 하기에 따라 새로운 결과가 나올 수도 있다. 국민의 한 사람으로서 국민의당이든지 더불어민주당이든지 이벤트보다는 진정성 있는 정치행보를 통해 미래에 대한 비전을 제시하는 것이 중요하다는 생각이다.

양당 모두 김대중·노무현 정신만을 외칠 것이 아니다. 대중 정당으로 갈 것인지, 아니면 유권자 정당으로 갈 것인지 방향성부터 잡아야 한다. 또한 중앙당과 시도당, 그리고 지역위원회의역할과 위상의 문제, 당내 민주화 문제, 공천제도의 정착, 수권정당으로서 정책기능의 강화, 투명한 정치자금의 집행 등 할 일이 수도 없이 많다. 빈 수레처럼 요란한 정당보다는 기본에 충실한 정당, 광주시민과 국민은 이런 정당을 지지할 것이다.

(2016. 05. 17. 광남일보 19면)

5.18전야제를
광주대표축제로 만들어야 한다

　5.18민주화운동 제36주년 행사가 마무리 됐다. 이번 5월 광주는 최근 15년 동안의 기념행사와 비교하면 국민적 관심사가 높았다는 평가다. 아마도 '님을 위한 행진곡' 논란이 종지부 찍을 것이라는 기대가 높았기 때문일 것이다. 그러나 결과는 정반대였다. 5월 18일 국가가 주관하는 기념행사에서 보훈처장이 쫓겨났다. 5.18민주화 운동의 경과보고마저도 역사적 사실을 왜곡했다. 심지어 보훈처 간부가 유가족에게 성추행적 발언을 했다. 참으로 참담한 지경이 아닐 수 없다. 내년에도 이런 비극적 상황이 연출된다면 그 책임은 정부에 있을지라도 피해를 감당해야 할 사람은 광주사람들이다. 그렇지만 '님을 위한 행진곡'의 제창과 기념곡 지정은 광주의 상징을 지키는 시대적 과업으로서 반드시 관철시켜야 한다.

　매년 개최되는 5.18기념행사에 관해 의견을 제시하고자 한다. 광주의 도시브랜드 이미지를 조사한 결과를 찾아보았다. 외지인들이 광주, 하면 떠오르는 이미지는 '5.18, 민주화, 광주비엔날레, 김대중, 무등산' 순이었다. 그렇다면 광주의 대표 축제는 무엇인가? '김치축제, 충장축제, 프린지페스티벌'일까? 뭔가 연결되지 않는 느낌이다.

과거 권위주의 시대, 5.18행사는 독재타도의 기지이자 저항의 거점이었다. 전국적으로 광주에 모여 정권퇴진과 민주쟁취를 외쳤다. 그러나 민주정권 10년의 과정을 거치면서 5.18 행사는 투쟁일변도의 행사에서 탈피했다. 저항공간이 혁명축제공간으로 진화한 것이다. 이제는 추모와 계승, 축제의 공간으로 각계각층이 참여하는 행사로 발전했다. 이런 상황적 변화과정과 외지인의 광주에 대한 인식을 생각한다면 5.18 기념행사는 그 중요도가 높다. 특히 5.18 전야제는 5.18 기념행사의 꽃이라고 할 수 있다. 여러 가지 논쟁이 있으나 전야제의 기원은 1988년 구동실내체육관으로부터 출발한다고 볼 수 있다. 89년부터는 분수대 앞 금남로로 자리를 옮겨 현재까지 이어지고 있다. 5.18 전야제는 광주시민이면 한번쯤은 참석했을 정도로 시민들의 자발적인 참여로 이루어진 행사다. 지금은 과거에 비해 많은 시민이 참석하지 않지만 아직까지도 동원 없이 진행되는 유일한 행사라고 해도 과언이 아니다. 올해 5.18행사위원회 예산이 총 4억6천5백만 원인데 광주시, 전남도, 광주교육청에서 지원되는 보조금으로 형성됐다. 그중 21.5%에 해당하는 1억 원이 전야제에 소요됐다. 또한 올해 광주에서 진행된 5.18기념행사는 전야제를 비롯해 동네 5.18 행사까지 총 94개 행사가 진행됐다. 전남에서는 38개, 전국적으로 7개 행사가 진행됐다. 각 대학에서 진행된 기념행사는 제외된 수치다. 5억 원이 되지 않는 예산으로 이런 대형 행사를 치루고 있다니 이것이 5월광주의 저력 아닐까?

광주시에서 주관하는 버스킹 공연과 프린지 페스티벌에 합한 예산이 7억 원, 광주세계김치축제 예산이 8억 원인데 비하면 5.18기념행사의 예산은 참으로 미미하다. 그럼에도 불구하고 36년의 시간 동안 5.18기념행사는 계속되고 있다. '5월 광주는 계속되고 있다'는 말이 이미 5월의 테제가 된 것처럼 5월 광주는 시대의 아픔과 함께하는 장으로 발전하고 있다. 이 중 5.18 전야제는 5월광주가 갖고 있는 많은 의미를 함축하는 중요한 행사로서 자발적으로 창조한 해방공간이자 광주공동체를 지키려는 의식적 노력의 산물이다.

광주시는 5.18전야제를 대표 축제로 육성, 발전시킬 의무가 있다. 광주의 대표축제로서 5.18 전야제가 자리매김하기 위해서는 우선 문화관광체육실과 인권평화협력관실의 칸막이부터 없애야 한다. 두 부서의 협업을 통해 문화와 5.18행사를 접목시켜야 한다. 물론 예산의 확대 또한 매우 중요하다. 그 예산을 바탕으로 시민축제로서 기획단계에서부터 철저히 준비해야 한다. 현재적 문제의식으로부터 예술성을 담보하는 대형이벤트가 되기 위해서는 국제성을 지향해야 한다. 과거 5.18 20주년 전야제에는 일본의 유명 가수인 기나쇼기치(喜納昌吉)가 공연한 적이 있다. 그날 광주시민들과 통일을 기원하는 아리랑을 같이 불렀고 일본 언론에 보도된 적도 있었다. 또한 자원활동가들의 헌신에만 의존할 것이 아니라 5.18행사위원회를 예산이 뒷받침되는 시민의 기구로 강화해야 한다. 그래야 5.18 40주년을 제대로 준비할 수 있다.

    5.18민주화운동은 현재진행형의 역사라고 평가받고 있다. 미래 대한민국의 빛나는 역사로 자리 잡을 것이다. 5.18행사는 광주의 현장성과 역사성, 그리고 광주시민의 정신을 담고 있으며 5.18전야제는 시민축제다. 광주시는 5.18전야제를 광주대표축제로 육성하는 데 나서야 한다.

(2016. 06. 01. 무등일보 19면)

광주시장의
존재와 당위

얼마 전 택시를 탔다. 기사님은 윤장현 시장의 새로운 도전에 대해 적극적 지지를 표명했다. '자동차 100만대와 광주형 일자리'를 높게 평가했다. 민선 6기 2년, 며칠이 남지 않았다. 향후 2년, 윤 시장은 광주시정을 어떻게 이끌어 가야 할 것인가?

첫째, 시민의 시각에서 공약사업에 대해 냉정하게 평가해야 한다. 공약 추진은 후보자 공약집, 인수위원회 보고서, '더불어 사는 광주 4개년 계획'(2014. 10. 7) 3단계로 진행됐다. 광주시 홈페이지에 의하면 공약사업 총 170건이다. 2015년 말 기준으로 '완료 16건, 이행 후 계속 추진 57건, 정상추진 97건(2017년 이후 완료 예정이 79건)이다. 일부 사업의 경우 아전인수적 평가도 있다. 이행도는 '정상추진'이지만 명확한 계획이 없거나 국비 배정에 차질이 생긴 것도 있다. 좀 더 솔직해질 필요가 있다, 건수보다는 실속이 있어야 한다. 무엇보다도 중요한 것은 시민의 시각이다. 자동차 100만 밸리, 광주형 일자리 등 핵심사업이 '관념이 아닌 현실'로 다가서야 한다.

둘째, 2019 수영대회 등 대형 프로젝트의 성공을 위해 액션플랜을 제시해야 한다. 윤 시장은 얼마 전 수영대회의 성공적 개최를 언급했다. 그러나 시민들은 수영대회 개최에 대해 의구심을 갖고 있다. 더 이상 좌고우면하면 안 된다. 하계U대회를 비롯한 국제경기의 조직위원회는 보통 5년 전에 설립되었다. 유독 광주 수영대회만 늦어지고 있다. 정부에게만 탓을 돌린다고 해결되는 것은 아니다. 이제는 시민시장의 리더십을 보여줘야 한다. 리더십은 내부로부터 나올 때 큰 힘을 발휘한다. 조직위원회 사무총장 인선, 국비 확보, 수영대회 선수촌 건립 등 제반의 문제들이 조속히 매듭짓고 수영대회 개최를 시스템적으로 안착시켜야 된다.

세 번째, 의회, 언론과의 소통을 더욱 강화해야 한다. 의회의 경우, 보통 집행부의 간부들이 의원들을 설득하고 동의를 구하는 것이 일상적이다. 필요에 따라 시장이 직접 나서 의회를 설득해야 한다. 정치는 '대화로 설득하고 양보로 타협'하는 과정, 곧 '소통'이다. 루즈벨트의 뉴딜정책, 트루먼의 마샬플랜, 린든 존슨의 민권법안, 레이건의 경제개혁프로그램 등은 대통령이 정치생명을 걸고 의회를 설득했다. 미국은 위기를 극복했고 민주주의를 진전시켰다. 소통의 리더십에서 가장 중요한 것은 권위가 아니고 용기다. 시장은 의회와 언론에 대해 보다 적극적으로 대화에 나서야 한다.

네 번째, 광주시장은 '행동하는 광주정신'을 화두로 정치의 중심에 서야 한다. 20대 총선의 결과, 광주정치는 양당체제가 형성됐다. 시의회도 당적에 따라 교섭단체가 구성될 가능성도 있다. 당적이 다르다고 광주와 호남, 그리고 한국정치 발전에 대해 등한시하는 정치인은 없다. 현재와 같은 상황에서 시장이 하기에 따라 시장은 통합의 리더로 나설 수 있다. 특히 선문답같은 '광주정신'이 아니라 '실체로서 광주정신'을 제시해야 한다. 그래야 광주시장은 정치의 중심에 설 수 있다. 정치적 사안이 발생할 때마다 고민할 것 없다. 광주정신에 입각한 정치적 메시지를 던져야 한다.

마지막으로, 신뢰가 선순환되는 행정이 돼야 한다. 공직자들에게 명확한 권한을 부여하고 확실한 평가와 그에 상응하는 보상이 따를 때 공직사회는 안정될 것이다. 지난 6월 의회 행정자치위원회에서 정책자문관이 도마에 오른 적이 있다. 이런 논란은 공직사회의 안정을 해치는 결과로 나타날 가능성이 많다. 대의멸친(大義滅親)할 필요도 있다. 정무라인도 강화해야 한다. 새로운 정무라인에게는 보다 많은 권한을 줘야 한다. 시장의 권한을 효과적으로 배분할 경우 리더십은 더욱 강화될 것이다.

미국 독립선언문을 기초했고 3대 대통령을 지낸 제퍼슨은 지도자를 두 가지로 구분했다. '국민을 신뢰하지 못하고 스스로 선민의식에 빠져 있는 지도자'와 '국민이야말로 공익을 인도하는 가장 현명한 지침이라고 생각하는 지도자'다. 민선 6기 남은 2년 동안, 윤장현 시장은 '가장 현명한 지침은 시민'이라는 각오로 시정에 나섰으면 한다. 그래야 '광주를 바꾸는 첫 시민시장'으로 자리매김할 수 있다.

(2016. 06. 24. 전남일보 19면)

정무특보에 대한
객관적이고 냉철한 평가가 있어야

최근 광주시 전 정책자문관 구속 사건과 관련해서 정무특별보좌관(이하 정무특보) 등 3명에 대한 사표가 수리됐다. 결국 윤장현 시장체제에서 2년 4개월 동안 3명의 정무특보가 임기를 채우지 못하고 중도하차했다. 3명의 정무특보는 각기 학계 및 사회복지, 정당 및 시민사회, 언론계 등지에서 출중한 능력을 보여주었던 인물이었다. 유독 정무특보로서는 능력을 발휘하지 못했던 모양이다. 왜 그들은 불명예를 안아야 했을까?

우선, 선발 절차에서부터 매끄럽지 않다. 정무특보 채용 공고문을 보자. 지난 6월 광주광역시 홈페이지에 게재된 '일반임기제공무원 경력경쟁임용시험 공고'다. '임용분야 대외협력' '임용직급 지방행정사무관(일반임기제)' '근무기간 2년' '근무예정부서 사회통합추진단' '직무내용'은 △정부, 국회, 정당 등과의 협의·보좌 △시민사회의 다양한 의견 수렴 및 거버넌스 구축 △지방의회의 시정 지원·협의 △기타 시장과 경제부시장의 대외적인 기능수행에 대한 지원·보좌 등이다. 공고문엔 정무특보란 단어를 찾아볼 수 없다.

그러나 광주광역시 직위표, 간부명단엔 별도의 기구다. 채용할 때는 사회통합추진단 소속이지만 실제 독립적으로 운영하고 있다.

두 번째, 방대한 업무 영역에 비해 지원조직은 미약한 편이다. 정무특보는 시장이 올바른 정무적 판단을 할 수 있도록 보좌하는 역할을 담당한다. 광폭의 정치 활동이 필요한 데도 정무특보를 지원하는 조직은 특보를 포함하여 총 4명으로 구성됐다. 조직적으로 정무특보를 지원하기엔 한계가 있어 보인다. 결국 정무특보는 개인적인 인맥을 통해 정보를 파악하고 자신의 경험을 바탕으로 시장을 보좌할 수밖에 없는 현실이다.

세 번째, 권한에 관한 것이다. 정무특보들에게 권한이 있었을까? 정무특보는 광주시와 정당, 의회, 언론, 시민사회와의 가교 역할을 담당해야 한다. 사안의 경중에 따라 특정의 권한이 부여돼야 한다. 특히 시장으로서 판단하기 힘든 정치적 결정이나 갈등이 첨예한 정치적 상황에 대해서는 정무특보에게 권한을 위임해야 한다. 사회적으로 쌓아온 관록과 경험을 충분히 발휘할 기회를 주어야 한다. 할 일은 태산 같고 권한이 없다면 괄시당하기 쉽다. 자칫 동네북 신세로 전락할 수도 있다.

네 번째, 직급도 문제다. 전임시장 시장 정무특보는 서기관급 대우를 받았다. 윤시장 체제에선 사무관급이다. 공직사회는 기본적으로 계급사회. 사무관급 정무특보가 부이사관급 국장, 서기관급 과장들과 상의할 때 어떤 파워를 가질 수 있겠는가? 직책에 맞는 직급이 보장돼야 한다.

위의 4가지 요소보다 더 중요한 것이 있다. 시장과 코드가 맞지 않는 정무특보는 존재의 의미가 없다. 시장은 정무특보의 진정성을 이해하고 외압으로부터 그를 보호할 의무가 있는 반면, 정무특보는 시장과의 정치적 공감대를 맞춰나가야 한다.

간략하게 정무특보가 성공하지 못한 이유에 대해 살펴봤다. 현재의 체제에서 급격한 변화가 이루어지지 않는 한 출중한 정무특보가 온다고 좋은 결과를 이끌어 내기는 어려울 것 같다.

단견이지만 정무특보는 ① 광주시정 및 중앙정치의 변화를 예상하고 선제적으로 대응하는 전략을 만드는 일 ② 시장의 정치적 결단의 근거를 만들어 가는 것 ③ 정당과 의회, 언론과의 관계를 돈독하게 유지하면서 시장의 활동반경을 넓히는 것 ④ 시민사회와의 긴밀한 관계를 통해 시민시장의 위상을 높이는 것. ⑤ 무엇보다 중요한 것은 시장의 코드에 맞는 액션플랜을 잘 제시하는 임무를 띠고 있다. 말로는 쉽지만 실제 정말 힘든 역할이다.

정무특보를 새로 뽑는다고 한다. 앞서 보았듯이 정무특보의 업무와 권한이 명확하지 않다. 행정운영의 원칙에도 어긋나 보인다. 새로운 정무특보를 뽑기 전에 정무특보의 활동에 대한 객관적인 냉철한 평가가 선행돼야 한다. 현 체제에서 정무특보가 필요한 것인가 근본적인 고민도 필요하다. 허울만 좋고 실속없는 특보라면 차라리 폐지하는 것도 한 방법이다. '서투른 목수 연장 탓한다'는 속담이 있다. 광주시정에 있어 가장 중요한 것이 무엇인지 다시 한 번 살펴볼 시점이다.

(2016. 10. 12. 전남일보 19면)

광주트라우마센터
발전을 위한 제언

광주트라우마센터(이하 '센터')지원체계 구축은 윤장현 시장의 공약사항 중의 하나다. 다행히도 임기 내에 가시적인 성과가 나타나고 있다. 2017년도 본예산으로 확정된 센터운영 예산 9억 4천 4백만 원이 책정됐다. 2016년도 1회 추경 8억 8천 6백만 원에 비하면 5천 8백만 원(6.5%)이 증액된 예산이다. 센터는 보건복지부의 정신보건시범사업으로 추진하다가 정부 측의 좁은 시각 때문에 위기에 빠질 뻔했다. 그러나 시의 노력으로 센터는 유지됐다. 시민시장이 국가폭력에 의한 트라우마를 치유하는 병원 설립을 지원하는 것은 지극히 당연한 일이다.

센터는 2012년 10월 18일, 5·18 관련자 등 국가폭력 피해자와 가족들의 상처를 치유하고자 설립됐다. 현재 3개 팀 10명이 5.18 관련자 437명에 대해 지속적으로 치유와 상담을 해왔다. 연도별 등록 회원 수는 2012년 152명, 2013년 298명, 2014년 361명, 2015년 410명, 2016년 11월 말 현재 439명이다. 매년 점진적으로 증가하고 있다. 또한 치유의 인문학 등 연 평균 15개 프로그램을 운영하고 있으며, 이용객들도 해마다 늘어나고 있다.

센터는 국가폭력을 단죄했던 5월운동의 역사성 때문에 탄생한 기관이다. 국가 폭력을 치유하는 기관이 광주에 있는 것은 당연한 귀결이다. 오직 광주이기 때문에 가능한 일이다. 트라우마센터의 발전을 위해 몇 가지 제언을 드리고자 한다.

첫 번째, 주무 부서에 관한 것이다. 센터 운영과 지원 관련 업무는 복지건강국 건강정책과가 담당하고 있다. 4년 전, 센터는 보건복지부의 정신건강시범사업의 일환으로 추진됐었기 때문이다. 현재 센터는 보건복지부와 상관없는 광주시의 독자적인 사업이다. 여건의 변화를 감안한다면 부서의 변경도 검토해볼 만한 시점이다. 국가폭력 의한 트라우마를 치유한다는 측면에서 본다면 5.18 업무이자 넓게 보면 인권업무로 볼 수 있다. 인권평화협력관실에서 지원업무를 담당하는 것도 한 방안이다.

두 번째, 독립법인의 전환과 지원조례제정을 동시에 진행해야 한다. 센터를 독립법인으로 전환하기 위해 준비하고 있다. 이 절차는 조례제정과 동시에 추진해야 한다. 두 과제를 따로 진행할 경우 시간이 많이 소요될 것이다. 조례제정과정을 통해 센터의 현재 과제를 분석하고 미래 방향성을 잡아야 한다. 특히 지원 근거를 마련하고 센터 발전을 위한 종합적인 전략을 수립해야 한다.

세 번째, 향후 센터는 5.18기념사업 마스터플랜(이하 '플랜')과 연동돼야 한다. 플랜에서는 "국군광주병원은 5.18 등 국가폭력 피해자를 치유하는 전문 기관인 국가폭력 치유시설의 입지로 광범위하게 거론되어 왔으며, 광주시 역시 아시아의 대표적인 트라우마 치유시설의 건립을 목표로 하고 있다는 점에서 전문 기능 공간이 우선적으로 고려될 수 있다"고 밝히고 있다. 이것은 센터의 미래 전략과도 부합한 내용입니다. 센터의 공간적 입지가 확실하게 정해지도록 조례에 명시할 필요도 있다.

네 번째, 직원들을 정규직화해야 한다. 얼마 전 5.18기념재단 직원들이 비정규직이란 기사를 접한 적이 있다. 인권도시를 지향하는 광주에서 5.18과 관련된 업무에 종사하는 사람들이 비정규직이란 점은 비판받아야 마땅하다. 센터의 경우도 마찬가지다. 현재 센터에 종사하고 있는 10명 모두 비정규직이다. 센터의 안정적 운영과 직원들의 전문성 향상, 그리고 사업의 연속성을 추구하기 위해서 직원들의 정규직화는 센터 발전의 필수 요건이다.

마지막으로, 장기적 관점에서 프랑스의 장조레스(Jean Jaurès)병원을 벤치마킹할 필요도 있다. 이 병원은 아시아 아프리카 출신이나 가난한 이들이 많이 사는 파리 북부의 지역사회, 팡땡지역과 밀착한 사회적 기업 연계병원이다. 2012년 박원순 시장도 이 병원을 방문해 사회적 경제 모델로서 검토한 적이 있다. 국가폭력에 의한 트라우마 치유라는 본래의 목적을 달성함과 동시에 사회적 협동조합을 조직해 공공성과 수익성을 동시에 추구하는 것도 하나의 방안이다.

향후 센터가 국가폭력에 의한 트라우마를 치유하는 대표병원으로 발돋움하기 바란다.

※이 기고문은 2017예산심사를 위한 전문위원 검토보고를 보완한 것임.

(2017. 01. 17. 전남일보 19면)

광주프린지페스티벌의
성공조건

지난해 광주프린지페스티벌(이하 '광주프린지')에 시비 7억 2500만 원이 들어갔다. 올해는 국비 5억 원 등 25억 원을 들여 국립아시아문화전당에서 연다. 광주프린지는 '유럽은 에딘버러, 아시아는 광주로' 세계 2대 프린지페스티벌을 목표로 한다.

프린지페스티벌 성공모델인 영국 에딘버러 프린지와 프랑스 오프 아비뇽의 사례를 통해 광주프린지 성공요건을 살펴보자.

첫째, 프린지 축제는 에딘버러페스티벌에서 유래됐다. 1947년 2차 세계대전 상처 극복을 위해 '에딘버러 인터내셔널 페스티벌'을 개최했다. 초청 못 받은 8개 단체가 축제를 열었다. 한 기자가 '페스티벌 변두리에서(on the fringe of the Festival)'라는 표현을 썼는데 여기에서 '프린지'라는 단어가 유래했다. 프랑스 아비뇽에서도 비슷한 축제가 열린다. 아비뇽 축제도 1947년 '예술의 지방분권화'라는 철학을 바탕으로 탄생했다. 1968년 베트남전 비판작품인 'Napalm'에 대한 검열이 진행됐다. 예술인들은 즉각 저항했다. 1971년 언론에서 기존축제 In에 대항하는 개념으로 Off를 사용했고 나중에 'Festival Off d'Avignon'으로 발전했다. 에딘버러 프린지나 오프 아비뇽의 유래는 관주도 축제에 대응하는 개념으로 이해하면 된다. 광주프린지 원형은 1995년 '안티비엔날레'에서 찾을 수 있다.

둘째 장소의 중요성이다. 에딘버러는 스코틀랜드 수도다. 아비뇽은 1300년대 교황청이 있던 곳이다. 두 도시 모두 대표적인 성곽도시다. 현대건축과 중세 건축이 공존한다. 도시 자체에서 역사성과 예술성이 느껴진다. 광주프린지는 유럽 도시와 같은 건축의 역사성을 찾아보기 어렵다. 학자들은 '축제는 비유적 의미의 역사성을 갖는 장소에서 이뤄진다'고 한다. 그 측면에서 보면 5·18민주광장과 금남로에서 열리는 광주프린지는 긍정적으로 해석된다. 이곳에서 촛불시위가 열리는 것도 그 역사성에 근거한다.

셋째 적절한 시기다. 광주프린지는 오는 4월~11월까지 8개월 동안 진행된다. 에딘버러는 8월에 집중돼 열리며 △프린지페스티벌 △에딘버러 인터네셔널 △밀리터리 타투 △재즈페스티벌 △코미디페스티벌 등이 곁들여진다. 오프 아비뇽은 7월 한 달 동안 열린다. 7월은 유럽 휴가기간이며, 아비뇽은 관광도시로 지리적 여건도 갖췄다. 광주프린지의 경우 아직까지 광주로 관광객을 유인할 만한 기제를 마련하지 못하고 있다. 작년 광주프린지도 많은 행사가 열렸다. 자칫 시끄럽고 방만한 축제로 인식될 우려가 제기된다. 시기별로 선택과 집중의 원칙이 적용돼야 하는 이유다.

넷째 경제적 효과도 관심이다. 에딘버러 프린지는 매년 8월 전

세계 50개국 1000여 개 단체가 300곳의 공연장에서 3300작품이 넘는 공연물을 선보이는 세계 최대 규모의 예술제이다. 2015년 1600만 명이 관람했다. 오프 아비뇽은 프랑스 공연 매출의 20%를 차지하고 있으며 2012년 오프공연에만 120만 명, 1161개 공연, 2만 5000회 공연이 열렸다. 아비뇽 인근 상가는 7월 한 달 동안 연매출 50%를 올렸다. 70년 여년 역사의 세계적 축제와 광주프린지의 경제효과를 비교할 수는 없다. 하지만 광주프린지가 향후 어떤 계획을 세워 경제효과를 거둬야 할지 눈여겨봐야 할 대목이다.

다섯째 현장의 중요성이다. 두 도시의 대학, 교회, 레스토랑, 공원, 호텔, 나이트클럽 등 어떤 장소도 공연장으로 변신이 가능하다. 광주프린지는 금남로와 충장로 일대에서 열린다. 광주프린지와 주민조직, 주변 상가와의 관계를 살펴볼 필요가 있다. 지역주민의 자발적 참여가 있어야만 축제현장에 생명력을 불어 넣을 수 있다는 점을 알아야 한다. 유럽의 두 도시는 공연 주관자와 관람객을 대상으로 모니터링 하며 문제점과 대안을 찾는다. 광주프린지 행사 관계자들이 참고해야 할 부분이다.

광주프린지 성공요건은 무엇일까. 첫째, 민간 주도 지역문화거버넌스를 구축해야 한다. 광주프린지 원형인 1995년 '안티비엔날레'를 기억해야 한다. 지역 예술인들의 참여로 지역문화거버넌스를 구축해야 한다. 광주프린지는 아직 걸음마 단계다. 시 주도 축제지만 향후 문화예술인 중심의 축제로 변신해야 한다. 광주시는 김대중 정부의 문화정책 기조였던 '지원은 최대, 간섭은 최소' 정책을 벤치마킹해야 한다. 민간 주도의 시민 축제라야 성공한 축제로 자리매김 된다.

둘째, 광주프린지 추진조례를 제정해야 한다. 축제는 시민 참여와 민관 협력이 성공 여부를 결정한다. 시민참여 축제로 광주프린지가 자리 잡기 위해 공론화 과정을 거쳐야 한다. 조례와 예산이 뒷받침돼야 진정한 시민축제로 발돋움할 수 있다.

셋째, 행사 규모에 연연하지 말아야 한다. 광주시 발표에 따르면 지난해 행사에 504회 공연, 출연작 5762명, 시민체험프로그램 운영자 2376명, 연인원 29만 명 관람, 8138명 문화예술인이 대중과 호흡했다. 마치 에딘버러나 아비뇽 축제 통계체계를 복사한 느낌이 들지 않는가. '광주프린지페스티벌 10개년 발전계획'에는 '2025년 에딘버러 프린지와 어깨를 나란히 하겠다'고 포부를 밝히고 있다. 이 또한 성급하다. 장기적인 관점에서 광주프린지를 점검해야 한다. 2년째 맞는 프린지페스티빌이 광주 대표 축제로, 광주시민들로부터 사랑받는 축제가 되도록 힘을 합쳐 나가자.

(2017. 02. 08. 전남일보 19면)

'한국형 정당 경선의 틀' 만들어 가자

민주당, 국민의당 호남경선이 끝났다. 언론에선 결과를 두고 여러 관점에서 분석기사를 쏟아내고 있다. 정치학 전공자의 시각은 경선 결과보다는 제도의 변화에 착목한다. 대통령후보를 선출하기 위한 당내 경선은 여러 방법이 있다. 당원경선, 국민참여경선, 국민경선, 완전국민경선 등이다. 과거엔 전당대회에서 추대하기도 했다. 경쟁을 통한 공직후보자 선출이 이제는 당연시되는 제도가 됐다. 민주당 경선방법은 국민경선 형태를 띠고 있다. 국민 참여를 넓히기 위해 모바일을 이용하고 있는 게 특징이다. 대의원들에게 투표공간을 따로 마련해 준 것을 보면 국민참여경선의 틀을 유지하는 모양새다. 과거에 비해 다양한 방법을 통해 국민의 참여를 이끌어 내고 있다는 점에서 긍정적이다. 국가 선거관리위원회에 경선을 위탁하면서 공신력도 확보했다. 국민의당은 완전국민경선제를 택했다. 선거인단이 특정되지 않는 방식이어서 많은 사람들의 우려를 사기도 했다. 그러나 기우였다. 자체 선거관리였음에도 중복투표 시도 등을 한 번에 찾아내는 성과를 거두기도 했다. 선거를 앞

두고 공신력을 확보한 셈이다.

최광웅의 '바보선거'에 따르면, 당원수 17만 명이던 프랑스 사회당이 정권을 잡는 데 완전국민경선제가 바탕이 됐다. 국민의당의 시도는 한국정치에 새로운 선거제도를 보여줬다는 점에서 의의가 크다.

정당은 사회적 갈등을 조정하고 완충하는 기제다. 민주주의 과정에서 주요 역할을 해왔다. 2017년 국민의 요구가 어떻게 수용될지도 관심사다.

선거 때마다 공직후보를 선출하는 방법이 바뀌고 있다. 사회가 바뀜에 따라 제도 역시 발전하기 때문이라고 변명할 수도 있다. 선출방법이 자꾸 바뀌는 데는 정당의 뿌리와 전통이 약해서 그런 건 아닐까. 60년 전통의 민주당이나 이제 갓 한 돌 지난 국민의당 역시 대선 룰 만드는 과정이 순탄치는 않았다.

지난해 미국 대선에서 트럼프가 당선됐다. 힐러리는 트럼프 보다 많은 표를 얻었지만 미국식 승자독식 간접선거 때문에 패배하고 말았다. 미국 대통령선거제도는 독특하다. 연방제 국가로 전통, 즉 각 주에 동등한 권리를 보장한다는 원칙에 입각하고 있다. 당내 후보선출방법도 예비선거인 프라이머리(오픈·클로스드), 당원대회인 코커스 등 주(state)별 전통을 이어가고 있다. 우리로선 복잡하고 이해하기 힘들다. 불합리적이고 비민주적인 요소가 많아서다. 그러나 미국 국민들에겐 복잡하지도, 이상하지도 않다. 미국은 그 방식으로 연방대통령을 뽑고 있다.

우리 정치로 시선을 돌려보자. 공직후보자 추천에 있어서 한국 정당의 후진성을 들 수 있다. 공직후보자 선출을 목전에 두고 경선 룰을 정하는 정치행위야말로 후진정치다. 이번 대통령 선거는 특수한 경우다. 정당별로 대통령 후보 경선을 준비할 시간이 부족하다. 국민들도 너그럽게 이해하고 있다. 대선을 위한 각종 룰이 만들어져 있었다면 하는 아쉬움이 있다.

지난 2014년 4·13 지방선거를 되돌아보자. 2014년 1월 안철수의 새정치연합이 창당됐다. 민주당과 새정치연합의 경쟁, 국민에게 새로운 선택지를 부여한 만큼 야권 분열로 정부 여당에 전패할지 모른다는 위기감이 팽배했다. 3월 초 새정치연합과 민주당의 합당이 전격 발표됐다. 민주당 광주시당은 중앙당 방침에 따라 공천심사위원회를 구성하려는 시점이었다. 내부적으로 진행하던 예비후보 자격심사 등은 수포로 돌아갔다. 양당과 시당의 합당절차를 거친 뒤 합당된 새정치민주연합의 공천룰을 만드는 과정은 험로였다. 공천룰은 만들면 끝나지만, 출마자와 지지자들은 하늘만 쳐다보는 격이 되고 말았다.

공직후보자를 추천하고 당선시키는 일은 정당의 의무이자 권리다. 각 정당에선 지금부터라도 내년 지방선거 공천룰을 준비해야 한다. 예측가능한 방법과 많은 국민이 참여하는 방안을 마련해야 한다. 그래야 출마예정자와 지지자, 국민들이 편안한 정치를 감상할 수 있다. 각 정당마다 연구소가 있다. 기존의 경험과 연구를 바탕으로 한국형 정당경선의 틀을 만들었으면 좋겠다. 그 제도가 국회의원 경선에도 적용된다면 국민과 함께 새로운 정치의 역사를 써나갈 것으로 믿어 의심치 않는다.

(2017. 03. 29. 전남일보 19면)

불쾌한 아침 출근길

아침 출근길이다. 집에서 나서기 전에 스마트폰을 열어본다. 광주시내버스앱은 '6분 뒤 도착'이란다. 정류장까지의 거리를 감안하면 5분이면 충분하다. 버스정류장이다. 가끔 만나는 고등학생들이 보이지 않는다. 버스는 떠났다. 다음 버스가 도착하려면 12분 정도 기다려야 한다. 차라리 두 번째 정류장으로 걷는다. 그리 가면 시청 가는 버스 2대가 더 있다. 신호등 없는 횡단보도를 건너야 한다. 편도 1차로다. 밤새 세워두었던 차들이 양쪽을 차지하고 있다. 일단정지하는 차가 없다. 감속하는 차도 없다. 건널 때마다 위험하다. 기다리는 것이 최선이다. 언젠가 TV에서 정지선을 지키는 시민에게 '양심냉장고'를 선물한 적이 있었다. 그런 운전자를 만날 수 있다면 좋겠다. 보통 하루의 출발이 이렇다. '잘못될 가능성이 있는 것은 항상 잘못된다'는 머피의 법칙(Murphy'law)으로 하루를 시작한다.

아파트 단지 조경은 잘 돼 있다. 매화나무, 벚나무, 단풍나무, 소나무가 잘 자라고 있다. 마을만들기 때문에 여러 가지 화분도 많다. 깨끗하고 상쾌하다. 관리하고 청소하시는 분들의 노고를 느낄 수 있다. 아파트 경계를 지나면 상황이 달라진다. 첫 번째 버스정류장까지는 200여 미터다. 담배꽁초, 플라스틱 컵, 빨대, 우유팩, 막걸리병 등이 길거리에 잠복하고 있다. 얼마 전 일요일 저녁 일이다. 서울에서 친구 부부가 내려왔다. 상무지구에서 저녁식사를 마치고 좀 걸으려다 일행은 기겁했다. 아파트 주변에 잠복하고 있는 것들과 더불어 다양한 술병들, 옆구리 터진 쓰레기봉투, 엎어진 음식물 쓰레기통이 널부러져 있었다. 박스조각을 비롯한 엄청난 쓰레기들이 수북하게 쌓인 곳도 있었다. 특히 담배꽁초는 검정색 아스팔트를 흰점박이도로로 만들었다. 창피하기도 했다. 결코 상무지구는 걷고 싶지 않은 거리는 아니다. 누구의 잘못이기 이전에 민주인권도시 광주의 쓸쓸한 이면 아닐까?

아파트 놀이터 옆은 장애인 주차장이다. 6칸 중 2칸이 비어있다. 모든 승용차에 장애인주차표지가 없다. 주차공간 아래쪽엔 장애인 표시가 확실하다. 뒤쪽 벽에서 '장애인만 이용할 수 있으며 그렇지 않을 경우 과태료를 부과한다'는 표시도 있다. 매일 지켜보는 불쾌한 광경이다. 소소한 배려마저 허락되지 않는 광경에 무기력을 느낀다. 업무시간 전이다. 구청에 신고해봐야 전화받지 않을 가능성이 높다. 사실상 신고할 용기도 없다.

첫 번째 정류장에서 버스를 타려면 6차선 도로를 건너야 한다. 신호등이 바뀔 것을 기다리다 버스를 놓칠 때가 많다. 위험을 감수하고 뛴다. 무단횡단이다. 장애인주차장에 불법주차해 둔 사람처럼 불법자 대열에 합류한다. 무단횡단할 때 정말 조심해야 하는 것이 따로 있다. 가로수 사이에 걸린 현수막이다. 버스만 보고 뛰다가 현수막 밧줄에 걸리면 골로 갈 수 있다.

버스를 기다린다. 버스 도착시스템이 있다. '곧' 도착한다고 알려준다. 언제 버스가 오는지 알 수 있다. 버스가 언제 오는지 알 수 없었던 깜깜이 시절이 아니다. 스마트폰과 버스도착시스템을 잘 활용하면 큰 도움을 얻을 수 있다.

'SWOT분석'을 통해 아침 출근길을 되돌아본다. 버스를 타면 '장점'을 찾을 수 있다. 버스는 시원하고 친절하다. Wi-Fi도 터진다. '단점'은 주변 사람들에 대한 배려가 없다는 것이다. 길거리에 널브러진 쓰레기와 장애인주차장의 불법점유는 고쳐져야 한다. 희망을 찾기 위해 일터로 나가는 시민이야말로 '기회'요소다. 아침 출근길 '위험'요소는 적시하지 않더라도 너무 많다. 작년 대구에 간 적이 있다. 대구거리는 깨끗했다. 불법주차, 불법현수막도 없다. 도심은 녹음으로 우거져 있다. 대구공무원은 "몇 년이 걸렸는지 모르겠지만 이제는 정착됐다"고 했다. 민주평화인권이란 거대 담론을 추구하는 것도 중요하다. 세계수영선수권대회를 앞두고 있다. U대회 때처럼 기초질서지키기 등 허구에 찬 시민운동을 주창하지 말라. 시민의 소소한 일상을 지키고 안전을 보장하는 것이 우선이다. 보다 섬세한 행정이 필요한 시기다.

(2017. 07. 25. 전남일보 19면)

더불어민주당부터 '광주형 일자리'를 실천해야

문재인정부는 광주형 일자리를 정책 모델로 삼았다. '일자리를 늘리고, 노동시간과 비정규직을 줄이며 고용의 질을 높이는 전략'이다. 윤장현 광주시장이 주창한 광주형 일자리는 수차례 내용적 변화와 논란의 과정을 거쳤다. 독일의 모델로부터 착안됐다. 지역사회 혁신운동으로 자리 잡았다. 궁극적으로 지자체, 시민단체, 기업, 노조가 협의를 통해 노사가 모두 수용할 수 있는 적정임금을 설정하고 유지하는 것이다. 광주시에서부터 비정규직을 정규직화 했다. 초창기 산하기관장들의 반발이 없었던 것은 아니지만 대부분 정규직화를 실천했다. 이제는 광주 정책을 넘어서 정부정책이 됐다. 향후 좋은 평가로 귀결되길 바란다.

정부가 나서서 광주형 일자리를 우선과제로 제시하고 있는 반면, 정당은 광주형 일자리와 거리가 멀다. 중앙당 당직자는 정규직이 대부분이지만, 시·도당 당직자의 대부분은 비정규직이다. '중앙당과 시·도당' 너무도 다른 인력구조를 가지고 있다. 중앙당 당직자는 당 대표가 바뀌더라도 신분상 변동이 없다. 시, 도당 당직자들은 엽관적 성격의 비정규직이다. 위원장의 임기가 끝나면 대부분 교체된다. 2013년 민주당 중앙당에서는 시, 도당 당직자의 정규직화를 시도했으나 일부 시·도당위원장들의 반대로 무산된 적이 있었다.

정당법도 문제다. 정당법 제30조는 정당의 유급사무직원수를 제한하고 있다. '정당에 둘 수 있는 유급사무직원은 중앙당에는 100명을 초과할 수 없으며, 시·도당에는 총 100인 이내에서 각 시·도당별로 중앙당이 정한다'고 규정한다. 정당의 유급 사무직원은 총 200명을 초과할 수 없다는 것이다. 아마도 정당의 과도한 인건비 지출을 제한하고자 하는 의도지만 현실과의 괴리가 너무도 크다.

중앙당은 대통령선거와 국회의원 총선거, 시·도당은 지방선거를 맡는다. 정당의 중앙조직은 중앙당과 국회지원조직, 정책연구소, 여성정책연구소가 있다. 지방조직은 전국적 시·도당이 17개, 지역구별로 지역위원회가 있다. 지역위원회는 정당의 근간조직임에도 불구하고 아직까지는 정당법상 기구는 아니다. 과거 지구당의 폐해 때문에 나타난 결과다. 시·도당만 놓고 보면 산술적으로 5.88명의 당직자가 있는 셈이다. 시·도당의 주요한 업무는 평상시 당원관리 및 교육, 중앙당 연락업무, 지역위원회 지원 등이다. 무엇보다도 중요한 업무는 공직후보자의 공천이다. 공천업무는 후보자의 심사와 경선이다. 이 과정은 상상하기도 힘든 지뢰밭과 같다.

전라남도 지방선거를 생각해보자. 기초단체장 22명, 도의원 58명, 군의원 243명에 대한 공천업무가 도당에서 이뤄진다. 비례대표를 제외하면 300여 차례의 경선이 동시에 진행되는 셈이다. 정당법에서 정하고 있는 5.88명으로 공천업무를 진행하는 것은 어불성설이다. 예를 들어 더불어민주당 전남도당의 유급당직자는 6명이다. 통상 면사무소에 20명 안팎이 근무하는 것과 비교하면 당직자의 수는 비현실적이다. 군대가 전쟁을 대비해 존재하듯이 정당은 선거를 위해 조직을 운영한다고 해도 과언이 아니다. 시·도당이 선거를 제대로 준비하고 정책역량을 강화하기 위해서는 광주형 일자리가 대입돼야 한다.

중앙당 당직자 출신으로서 더불어민주당 지도부에 건의한다. 집권당이 선제적으로 정부정책을 실천해야 한다. 정부정책을 집권당이 외면하면 그 정책은 모멘텀을 상실할 수도 있다. 더불어민주당이 광주형 일자리에 동참해야 한다. 우선적으로 시·도당 당직자를 정규직화해야 한다. 정부정책을 집권당에서 실천하면 연관효과는 배가될 것이며, 광주형 일자리의 정착과 확산에 도움될 것이다. 결국 문재인정부의 일자리 정책에 큰 힘을 실어주는 결과로 귀결된다. 마지막으로 정당법도 개정해야 한다. 당직자 수를 제한하는 조항부터 현실성 있게 개정되고, 향후 정당활동을 규제하는 것보다 정당활동을 활성화하는 방향으로 개정해야 한다.

(2017. 11. 09. 남도일보 17면)

차기 시장은
몇 표를 얻을 수 있을까?

'제7회 전국동시지방선거' 올해 6월 13일에 실시되는 선거의 공식 명칭이다. 지금까지 6차례 광주시장 선거가 있었다. 당명엔 약간의 차이가 있으나 모두 민주당의 공천을 받아 당선됐다.

역대 광주시장 당선자는 몇 표를 얻었을까? 득표수와 득표율을 살펴보자.

4년 전, 윤장현시장은 36만 7천203표를 얻었다. 투표수는 65만 8명(투표율 57.09%)이며 득표율은 57.85%다. 새정치민주연합의 전략공천으로 광주 정치권은 사분오열됐다. 현직 시장이 무소속 출마를 강행했다. 또 다른 유력후보는 무소속 후보를 지원했다. '민주당 대 무소속'의 강력한 대결구도였다. 광주시민들은 안철수의 전략공천을 받아들여 시민시장 윤장현을 선택했다.

가장 높은 득표율은 어떤 시장일까? 민선 1기 송언종 시장이다. 53만3천393명(투표율 64.82%)이 투표해 46만 9천570표를 얻어 89.71% 득표율을 기록했다. 46만 표 이상을 얻은 유일한 시장이다. 야도(野都) 광주의 선택은 김대중에 대한 기대와 지지로 나타났다. 장관 출신 송 시장이 꽃길만 걸을까? 대의원 223명이 참여한 경선은 1차에서 승부가 나지 않았다. 2차 투표까지 진행됐다. 김심(金心)과 중앙의 입김에 대해 대의원들이 반발한 결과였다. 송시장은 2차투표에서 125표를 얻었다. 어렵사리 공천받았다.

가장 낮은 득표율은 박광태 시장이 기록했다. 2002년, 40만3천821명(투표율 42.30%)이 투표했고 18만5천938표를 얻었다. 득표율은 46.81%다. 역대 당선자 중 득표율 50%, 득표수 20만 명을 넘어서지 못한 유일한 결과다. 당시 민주당 당내 경선은 이전투구 상황이었다. 경선으로 선출된 시장후보는 공천받지 못했다. 공천을 관리하던 국회의원 중 한 명이 시장후보가 됐다. 전남도청의 이전 등으로 반민주당 정서에 혹을 하나 더 붙인 격이었다. 무소속 시민후보의 바람도 거셌다. 가장 낮은 득표로 나타났다. 이 결과를 좀 더 확장해보자. 유권자는 95만4천481명이었다. 유권자 대비 득표수를 계산하면 19.48%에 불과한 수치다. 유권자의 1/5의 지지도 받지 못한 참담한 결과였다. 반면 낮은 득표율에도 불구하고 박 시장은 재선에 성공했다. 아직까지 재선시장은 박 시장뿐이다.

역대 광주시장 당선자는 최소 46.81%(18만5천표), 최대 89.71%(45만 9천표)를 얻었다. 이번 지방선거 광주 유권자는 1백 17만명 정도다. 투표율을 60%로 가정하고 역대 득표율을 대입하면 광주시장 당선자는 최소 32만 8천표에서 최대 62만9천표를 얻을 것으로 예상된다.

과연 차기 시장은 몇 표를 얻을 수 있을까? 선거지형에 따라 여러 가지 예측이 가능하다.

우선 '민주당 대세론'이다. 현 정국에 큰 변수가 없다면 민주당 대세론은 그대로 유지될 것이다. 당내 경선이 순조롭게 진행되면 최대 득표도 가능하다. 전제는 문재인 대통령에 대한 지지가 하락하지 않는다는 것이다. 대통령에 대한 지지가 민주당에 대한 지지로 연계되면, 즉 대통령과 민주당이 동일시된다면 60만 표 시장이 나올 수 있다.

두 번째. '민주당 vs 민주평화당 또는 바른미래당' 즉 '당 대 당'구도다. 현재로서는 민주평화당이나 바른미래당의 약진 가능성을 언급하기 어렵다. 하지만 김대중 전 대통령은 '정치는 생물'이라고 말씀하지 않았던가? 잠재적 성장 가능성까지 배제할 필요는 없다. 2006년도 민주당 대 열린우리당이 대결했을 때 박광태 시장이 51.61%를 득표했다. 2006년도 결과만 놓고 보면 50:35의 구도가 형성될 수 있다. 차기 광주시장은 36만표 정도 획득할 것으로 예상된다.

세 번째, '3자구도'다. '민주당 vs 민주평화당 또는 바른미래당 vs 무소속후보'가 경쟁하는 구도다. 민주당 경선 파행의 결과로 유력후보 중 한 명이 민주당을 탈당하고 무소속으로 출마하는 경우다. 문재인 대통령의 지지도까지 하락한다면 광주시장 선거는 오리무중으로 빠질 수도 있다. 역대 시장선거에서 이렇게 복잡한 3강구도는 형성된 적이 없다. 28만표 득표, 40% 이하 득표율의 시장이 선출될 수도 있다.

마지막으로 '민주당 vs 반민주당' 구도다. 민주평화당과 바른미래당, 그리고 무소속이 연대해 1대1 구도를 만드는 경우다. 문제의 핵심은 대통령 지지도. 대통령 지지도가 추세적으로 하락할 경우 형성될 수 있는 구도다. 36만표 정도 획득할 것으로 점쳐진다.

　선거는 변화무쌍한 종합예술이라고 한다. 후보 인지도 및 도덕성, 정당 선호도 및 경선 공정성, 대통령 지지도, 중앙정치의 영향, 세대별 투표율 및 투표성향, 개헌 등 정국현안, 남북관계 및 국제관계, 지역 경제 상황 등 선거에는 수많은 변수가 작동한다. 여러 가지 변수에도 불구하고 광주발전의 견인차가 될 수 있는 차기 시장을 기다린다.

(2017. 02. 22. 전남 19면)

무등산 정상을
자유롭게 오를 수 있다면

　무등산에 오른다. 시내버스를 탄다, 무등산국립공원(증심사) 종점이다. 무등산을 오르는 길은 여러 갈래다. 증심사 쪽을 바라보고 오른쪽은 새인봉 가는 길이다. 왼쪽 길은 몇 년 전 등산로가 열렸다. 바람재나 장원봉으로 연결된다. 문빈정사를 지나면 증심교다. 세 갈래 길이 나타난다. 증심사, 토끼등, 바람재로 가는 길이다. 중간지점인 중머리재, 정상인 서석대로 오르는 길, 경우의 수는 정말로 다양하다. 이것이 무등산에 가는 맛 중 하나가 아닐까?

　무등산장으로 간다. 버스시간을 맞추기가 쉽지 않다. 아침 일찍 승용차를 이용하는 경우가 많다. 옛길 2코스를 선택한다. 서석대까지 2시간이면 충분하다. 꼬막재로 오른다. 천하비경 규봉암을 만날 수 있다. 무등산이야말로 광주사람에겐 최고 산이다. 버스로 조금만 움직이면 1천미터 넘는 산을 오를 수 있다. 그야말로 행운이 아닐 수 없다.

　또 다른 코스는 없을까? 광주댐을 지나 화순온천으로 가는 길에 터널이 있다. 담양 남면 유둔재다. 유둔재로부터 무등산까지

가는 길이다. 인내심이 필요하다. 원점회귀산행이 불가하다. 대중교통을 이용해야 한다. 신선대까지 가는 길도 좋은 편은 아니다. 추천하고 싶은 생각은 없다. 너릿재 옛길에서 수레바위를 지나 만연산을 스쳐간다. 수만탐방지원센터 옆길 거친 구간을 지나면 장불재다. 이 길은 등산객이 거의 없다. 만나면 좋은 친구다. 제2수원지 길로 통하면 용추폭포를 거쳐 중머리재로 바로 올라챌 수 있다.

화순으로부터 오르는 길도 많다. 수만리에서 오르면 중머리재나 장불재로, 안양산을 거쳐 백마능선을 타고 가면 오른쪽 멀리 입석대, 서석대, 규봉암을 한꺼번에 볼 수 있다. 영광스러운 일이다. 이서면 영평리 도원마을로부터 오르면 규봉암까지 1시간이면 충분하다. 규봉까지 가장 가까운 길이다. 이 코스를 강력히 추천한다. 규봉으로부터 지공너덜, 석불암을 거치면 장불재다.

무등산 정상으로 가는 길은 장불재로 통한다. 장불재를 중심으로 '입석대-서석대-규봉암'은 세계 유일의 공간이다. 기암괴석의 범주를 뛰어넘었다. 광주정신과도 같은 바른 돌기둥들이 질서 있고 웅장하게 버티고 서 있다. 그 광경을 눈에 담고, 가슴에 새기는 것이야말로 무등산 등산의 묘미 아닐까?

무등산이 국립공원으로 승격되면서 등산로가 정비됐다. 여러 가지 편의시설이 설치됐다. 특히 화장실 관리는 세계 최고다. 노벨상 감이다. 과거 중봉과 장불재 근처에 군부대가 자리하고 있었다. 그래서일까? 무등산 등산은 고작 중머리재와 토끼등을 오르는 것이

전부였다. 수년 전 군부대가 이전됐다. 환경 생태가 거의 복원됐다. 중봉으로부터 목교로 가는 길, 얼마나 아름다운 공간인가? 이것이야말로 자연의 위대한 능력이자 무등산의 가치다.

이렇게 좋은 무등산이지만 옥에 티가 있다. 무등산 정상인 인왕봉, 지왕봉, 천왕봉에 오를 수 없다. 1년에 몇 차례 개방한다. 너무도 아쉽다. 오를 수 없어 가슴이 아프지만 올랐을 땐 가슴이 미어진다. 인왕봉은 그나마 봉우리의 모습을 지키고 있다. 지왕봉은 반으로 쪼개진 것 같다. 그 앞 마당은 콘크리트다. 천왕봉은 온데간데없다. 군 시설 때문에 희생당한 듯하다.

몇 년 전, 정치권과 광주시는 무등산 정상 군부대를 곧 이전할 것처럼 호들갑을 떨었다. 많은 시민은 기대했다. 그러나 지금은 어떻게 됐을까? 군부대 이전을 추진했던 국회의원이 상임위원회를 바꾸자마자 흐지부지다. 국방부와 대한민국 공군은 어영부영이다. 광주시의 대응도 마찬가지다.

광주시와 환경단체의 노력으로, 무등산은 2014년 환경부 인증 국내지질공원이 됐다. 유네스코는 지난 4월 세계지질공원으로 확정했다. 전 세계적으로 137번째, 국내에서는 세 번째. 이제는 유네스코 세계문화유산등재를 추진 중이다.

아, 콘크리트로 뭉개진 정상이라니! 마치 미국 독립선언서 없는 자유의 여신상(Statue of Liberty)과 같다.

광주시는 '무등산 정상을 시민에게' 되찾아 주어야 한다. 광주시의 노력이 필요한 시점이다. 무등산은 가는 곳마다 자연을 지키며 간직하고 있다. 그러나 유독 정상만 자연을 훼손하고 있다. 서석대에서 사진을 찍을 때마다 가슴이 먹먹해진다. 인왕봉을 뒤에 두고 하산할 때는 씁쓸함마저 감돈다. "무등산 정상을 자유롭게 오를 수 있다면" 그 꿈이 실현되길 바란다.

(2018. 10. 11. 전남일보 19면)

광주광역시 예산 살펴보기

2019년도 광주시 예산의 총 규모는 5조 830억 원이다. 예산 5조 원 시대가 열렸다. 작년과 비교해서 5,691억 원이 증가했다. 역대 최고 증액이다.

5조 원이 넘는 예산은 어디에서 조달될까? 세입은 '지방세수입, 세외수입, 지방교부세, 보조금, 지방채, 보전수입 및 내부거래' 등 총 6가지로 구성된다. 이 중 올해 가장 높은 비중을 차지하는 것은 '보조금'이다. 전체 예산의 32.36%로 1조 6,449억 원이다. '지방세수입'(30%, 1조 5,247억 원)보다 '보조금'이 많다. 이것은 올해 세입예산의 특징 중 하나다. 열악한 광주시 재정의 현실을 보여주는 것으로 과거에도 자주 나타난 현상이다. 무엇보다도 중요한 것은 '보조금'의 성격이다. 자주재원이 아니라는 점이다. 국비만큼 시비를 매칭하거나 정해진 사업에 예산이 투여된다. 결국 지방재정운용에 악영향을 주는 요인이다.

2019년도 광주시 예산안 첨부서류로 제출된 「재정운용상황개요서」에 의하면 일반회계 기준 '재정자립도'는 36.9%다. 작년 39.9%

에 비해 3%나 낮아졌다. '재정자주도' 또한 60.5%로 작년에 비해 0.6% 감소했다. 재정자주도가 상대적으로 덜 감소한 것은 지방교부세가 증가했기 때문이다.

'지방교부세'는 중앙정부가 「지방교부세법」에 따라 지방자치단체에 교부하는 재원이다. '보통교부세, 특별교부세, 부동산교부세, 소방안전교부세' 등이 해당된다. 이 중 '보통교부세'는 내국세의 19.24%에 해당된다. 광역지방자치단체별 배분률에 따라 예산액이 정해진다. 올해 지방교부세예산에는 '보통교부세' 9,422억 원, '소방안전교부세' 191억 원으로 총 9,613억 원이 반영됐다. 작년에 비하면 1,952억 원이 증가했다. 교부세 배분률의 증가에 따른 것이다. 지방교부세는 보조금과 달리 자주재원에 해당된다. 쉽게 설명하면 꼬리표가 없는 예산으로 지방자치단체가 자율적으로 예산을 편성할 수 있는 특징이 있다.

'지방세수입'을 살펴보면, 지방세는 보통세와 목적세로 구분된다. '보통세'는 '취득세, 주민세, 자동차세, 레저세, 담배소비세, 지방소비세, 지방소득세' 등이 해당되며, '목적세'는 '지역자원시설세, 지방교육세' 등이다. 취득세와 지방소득세는 증가됐다. 부동산 경기와 소득 증대가 반영된 것이다. 레저세, 담배소비세, 지방소비세는 감소했다. 아마도 소비지출의 감소라는 한국 사회의 현상이 반영된 것으로 볼 수 있다.

올해 광주시 세입 예산 중 도드라진 부분이 있다. '지방채'를 200억 원으로 책정했다. 작년에 비하면 400억 원, 66.67% 감소된 것이다. 건전재정에 대한 강한 의지로 보인다. 향후 도시철도 2호선에 투여될 지방채가 2천억 원을 상회할 것으로 예상된다. 지방채 관리에 만전을 기해야 한다.

어떤 분야로 예산이 지출되는 것일까? 기능별 세출 예산을 살펴보자. 전체 예산 중 '사회복지' 분야가 차지하는 비중은 37.62%로 1조 9,119억 원이다. 작년에 비해 2,264억 원이 증가됐다. '광주시 예산 5조 원 시대에 복지예산 2조 원 시대'가 열린 것이다. 사회복지 예산은 지방재정에 가장 부담되는 분야다. 특히 시비매칭분과 의무부담분의 증가는 시 재정을 옥죄고 있다. 기초노령연금, 영유아보육, 기초생활급여 등에 각각 25%, 35%, 20%의 시비를 부담해야 한다. 중앙정부가 입법과정에서 지방자치단체와 상의 없이 의무부담률을 정했다. 새로운 지방분권시대에 반드시 시정돼야 할 것이다. 사회복지예산 다음으로 높은 비중을 차지하는 분야는 '일반공공행정'(12.18%, 6,191억 원), '수송 및 교통'(9.56%, 4,861억 원), '환경보호'(7.19%, 3,655억 원), '교육'(6.82% 3,467억 원), '문화 및 관광'(6.34%, 3,220억 원) 등이다.

기능별 세출 예산 중 아쉬운 측면이 있다. '산업·중소기업' 분야(2,421억 원)내에서 예산 쏠림 현상이 나타났다. '산업금융지원'(477억 원) 광주형일자리 완성차 공장예산을 포괄하는 '산업진흥·고도화'(1,789억 원)에만 예산이 집중됐다. '무역 및 투자유치'(35억 원), '에너지 및 자원개발'(117억 원), '산업·중소기업 일반'(1억2천만 원) 등은 감소됐다. 또한 '과학기술' 분야는 전체 예산 중 0.14%, 72억에 불과하다. '예비비'(0.29%, 150억 원)의 절반에도 미치지 못하는 액수다. 비록 통계적 수치라고 하지만 안타까운 결과다. '산업·중소기업' 분야와 '과학기술' 분야에 대해 홀대하고 있다는 느낌을 줘서는 안 된다. 이 분야에 대한 적극적이며 면밀한 검토가 필요하다.

광주시 예산은 '없는 살림에 할 일은 태산'으로 요약할 수 있다. 복지예산과 의무분담분은 급속하게 증가하고 있다. 업친 데 겹친 격으로 대형 프로젝트는 재정을 압박하고 있다. 광주형 일자리 완성차 공장 추진, 세계 수영선수권 대회, 도시철도 2호선 착공, 민간공원 특례사업, 군공항 이전 등은 광주시민의 삶과 직결되는 사업이다. 어느 것 하나 포기할 수 없다. 긴축하고 긴축해야 한다. 혹여 방만한 예산이 있는지 사업실행단계에서 다시 한번 점검해야 한다. 예산의 효율적 배분과 탄탄한 재정 운용, 특히 미래에 대한 과감하고 전략적인 투자를 기대한다.

(2019. 01. 18. 전남일보 19면)

'결산검사'를 아시나요

결산검사, 시민들에겐 익숙한 단어는 아니다. 결산검사는 결산과정 중 중요한 절차 중의 하나다. 지방자치단체가 의회에 결산서를 제출하기 전 결산검사를 진행한다. 결산검사위원회는 일반 및 특별회계의 세입세출, 기금 운용 등 결산 확인, 재정집행의 적정 여부 등에 대해 재무관련 회계검사를 실시하고 검사의견서를 시장에게 제출한다. 시장은 결산서와 첨부서류, 결산검사의견서를 의회에 제출하여 결산승인을 받아야 한다. 결산 승인은 조례 제정, 예산 심의·확정과 더불어 의회의 주요한 권한 중 하나다.

누가 결산검사를 하는 걸까? 결산검사위원은 「지방자치법 시행령」 제83조와 「광주광역시 결산검사위원 선임 및 운영에 관한 조례」에 의해 선임된다. '시의원 3명, 공인회계사 3명, 세무사 2명, 전직공무원 1명, 시민사회단체 1명' 등 총 10명이다. 본회의 의결로 선임된다. 3월에 개최된 제286회 임시회에서 2019 회계연도 결산검사위원을 선임할 예정이며 결산검사는 4월 3일부터 4월 22일까지 20일간 실시할 예정이다. 결산검사가 결산심사의 사전절차로서 미시적이며 재무회계검증이라면, 의회의 결산심사는 결산 승인이라는 정치적 행위로서 거시적이며 정책검증적 측면이 강하다.

오래 전부터 지방재정학회를 중심으로 학계에선 결산검사의 문제점을 지적하고 있다. 대표적으로 ① 결산검사위원 선정과정의 투명성 ② 비상설임시기구의 한계 ③ 1일(5시간) 교육과정으로 인한 전문성 부족 ④ 촉박한(20일 이내) 결산검사 기간 ⑤ 결산검사 매뉴얼의 불명확성 등이다. 그렇다면 결산검사를 보다 내실화하는 방안은 무엇일까? 여러 가지 방안 중 핵심적 방안을 제시한다.

우선 '결산검사의 독립성'이다. 지방의회에서 선임하는 결산검사위원에 관한 문제다. 현재 방식으로는 결산검사위원으로서 독립성, 결산검사위험, 정당한 주의 의무, 비밀유지 등 결산검사위원의 준칙에 관한 검증이 쉽지 않다. 외국 지방정부 결산검사 사례를 살펴보자. 일본은 자치단체 감사위원회를 주축으로 하고 의회의원이 일부 참여한다. 특징사항에 대해서는 민간 공인회계사에게 결산검사를 의뢰할 수 있다. 프랑스의 지방회계원(CRTC)은 결산검사, 예산통제, 재판통제, 운영통제의 권한을 가지고 있다. 미국은 독립적으로 선출된 주정부의 감사관 또는 민간 회계법인이 결산검사와 회계감사를 병행 실시하거나 민간회계법인이 실시한다. 영국은 경쟁입찰을 통해 선정된 민간회계법인이 담당한다. 독일은 주감사원에서 담당한다. 한국 정부 결산검사도 감사원에서 40일 동안 진행한다. 일반적으로 국가 또는 지방정부의 결산검사는 감사원이나 회계법인 등에서 진행하고 있는 것이다. 한국 지방자치단체도 '결산검사의 독립성'을 보장하는 방향으로 전환할 필요가 있다. 합의제 행정기관인 감사위원회나 외부 회계법인을 통해 결산검사를 해봄직하다.

다음으로 '결산검사의 전문성'이다. 결산검사는 크게 ① 결산검사위원 선임(지방의회) ② 결산검사위원 교육(지방행정공제회) ③ 결산검사(지방자치단체 회계과) ④ 결산검사의견서 작성(결산검사위원회)으로 진행된다. 형식적으로 독립성과 전문성에 큰 문제는 없어 보인다. 그러나 주어진 결산검사기간 동안 내실 있는 결산검사가 가능할까? 앞에서 언급했듯이 교육기간이 너무 짧다. 검사위원은 예산회계, 공유재산 및 물품, 기금, 계약 및 보조금 등 지방재정 관련 법령은 물론 회계 및 결산시스템에 대한 기본적 이해가 있어야 한다. 동시에 실제적인 결산확인 기법과 접근방법, 증거 수집과 의견서 작성 등의 소양을 갖추어야 한다. 회계사나 세무사는 기술적 측면에서 큰 문제는 없다고 볼 수 있다. 지방의원, 전직 공무원, 시민사회단체의 검사위원은 예산회계적 측면에서 전문성이 있다고 보기엔 무리가 따른다.

보다 전문적인 결산검사를 진행하려면 의회의 결산검사위원 선임 과정을 보다 투명하고 확장적 방향으로 전환해야 한다. 결산검사위원 대상그룹에 대한 사전 교육을 통해 인력풀을 형성하는 것이다. 더욱 풍부한 내용으로 채워진 사전교육이 필요하다. 사전교육을 이수한 사람에게 결산검사 자격을 부여하는 방안이다. 의회에선 결산검사위원 선발과정에 독립성을 확보하기 위해 제도적 장치를 갖춰야 한다. '(가칭)결산검사위원 선임특별위원회'를 두는 방안도 그중 하나다. 지방재정·회계전문가들이 더 많이 결산검사에 참여할 수 있도록 제도적인 장치를 마련하는 것이 필요하다. 특히 결산검사위원의 수와 기간을 늘리는 것도 검토해볼 만하다. 향후 결산검사의 독립성과 전문성이 제고되는 방향으로 개선되길 희망한다.

(2020. 02. 27. 전남일보 19면)

대중교통 중심도시
광주를 위한 제언

퇴근길, 국립아시아문화전당 근처 약속이다. 대중교통을 이용해서 그곳까지 가는 방법은 두 가지다. 전당까지 버스로 이동하거나, 상무역까지 걸어가서 도시철도 1호선을 이용하면 된다. 오늘은 버스를 타기로 한다. 시청 앞 왕복 6차선 도로에 승용차로 꽉 찼다. 버스도착알림 서비스엔 '곧' 도착한다는 메시지가 뜬다. 공허하다. 20여분 후 기다리던 버스가 도착했다. 퇴근 길 시청 앞 도로에서 '곧'은 '20분 이상 소요'로 이해하면 된다. 이런 현상은 오후 6시 05분에서부터 6시 50분까지 나타난다. 버스를 이용하는 시민들에겐 일상이다.

'시청 앞 도로에 출퇴근 시간제 버스전용차로를 설치하면 될 텐데, 왜 설치하지 않는 것일까?'

시청 앞 버스정류장 도로는 편도 3차선이다. 전용차로 설치 기준에 해당할 수 있다. 하지만 한국은행에서 서부교육지원청까지는 편도 2차선이다. 도로 일부분 때문에 전용차로 요건을 충족하지 못한다. 버스전용차로를 지정하려면 기존 도로를 확대 개선해야 한다. 전기 통신 등 지하매설물 등 이설이 필요하다. 생각보다 많은 예산이 소요된다. 버스전용차로의 전환을 위해 투자하기 어렵다고 한다. 답답한 마음이다.

'버스전용차로'는 버스의 정시성 향상과 시민의 편리성을 높이기 위한 대중교통 활성화 시책이다. 버스전용차로는 설치 기준은 도로 여건, 교통량, 이용객 수다. ①편도 3차로 이상의 도로 ②버스 교통량이 시간당 100대 이상 ③버스 이용객이 시간당 3천명 이상이다. 단, 출퇴근시간제 전용차로는 버스 교통량이 시간당 80대 이상인 경우 가능하다.

현재 광주시 버스전용차로는 총 8개 노선으로 47.2㎞를 운영하고 있다. 월요일부터 금요일까지 출퇴근시간제 전용차로를 운영 중이다. 올해 3개 구간 20.2㎞를 추가로 확대 설치, 시행할 예정이다. 서민을 위한 과감한 정책변화가 필요하다. 광주만의 기준을 만들 수 없을까? 교통량과 이용객 수 상관없이 편도 3차로 이상의 도로를 '출퇴근시간제 전용버스차로'로 지정했으면 좋겠다. 이런 정책이야말로 '광주형 정책'이 아닐까?

도심과 부심을 연결하는 주요 구간에 대해 적극적인 정책이 필요하다. 세종시의 S-BRT(간선급행버스체계)를 도입하는 것도 방안이다. S-BRT의 특징은 ①우선신호시스템 ②버스 2대가 연결된 전기굴절버스(정원 84명) ③우선 결제 시스템 ④무장애 버스 공간 등으로 요약된다.

광주교통의 현실을 수치로 살펴보자. 2019 시정백서(2021. 2. 발행) 자료다. 주요 교차로를 대상으로 차종별 교통량은 승용차 70.1%, 택시 4.2%, 버스 4.0%, 화물차 20.4%, 기타 1.3%다. 2017년에 비하면 승용차는 2.1% 증가했다. 반면, 택시 1.3%, 버스 0.8% 감소했다. 교통수단별 통행분담률이다. 승용차 45.5%, 버스 30.2%, 택시 12.9%, 지하철 3.7%, 기타 7.7%다. 2015년에 비해 승용차는 5.2% 늘었다. 버스는 4.8% 줄었다. 대중교통에 투자되는 시비의 규모는 어떨까? 버스준공영제에 투여되는 시비는 2016년 543억원, 2020년엔 1천억원이다. 도시철도 1호선엔 2020년에 560억원이 지원됐다. 2020년에만 1,560억원이 투자됐다.

대중교통에 투자되는 시비는 가파른 곡선을 그리며 증가하고 있다. 그러나 대중교통의 통행분담률은 줄어들고 있다. 원인은 간단하다. 버스는 불편하고 승용차가 편하기 때문이다. 도시교통 정책 결정자의 결심이 필요하다. 교통정책 방향의 과감한 수정이 필요한 시점이란 것을 알 수 있다.

버스이용률은 높이기 위해 뭔가 특단의 조치가 필요한 시점이다. 프랑스 파리의 사례는 벤치마킹할 만하다. '도로 다이어트'다. 도심 곳곳에 '시속 30㎞ 제한구역'과 보행자 도로, 자전거도로를 만들었다. 승용차 운행이 불편한 도로 환경을 만드는 것이다.

프라하나 비엔나처럼 도심 교통이 혼잡한 지역을 대중교통전용지구로 지정하는 것이다. 대구시는 2009년도에 중앙로 일대(반월당네거리~대구역네거리 사이 1.05㎞ 구간)를 대중교통전용지구로 지정해 운영하고 있다.

광주 인구는 감소추세에 들어섰다. 도시 팽창 정책 기조를 유지할 수 없는 상황이다. 일본의 여러 도시처럼 도시 내부에서 동력을 확보하는 방향으로 정책을 수정해야 한다. 서민을 위한 대중교통 정책을 기대한다.

※본 글은 *2021. 2. 26 광주광역시의회 제1차 녹색교통전환포럼 발제 내용의 일부임*

(2021. 03. 09. 전남일보 18면)

인사청문회는
의회의 권한이다

　지난 9월 18일, 광주광역시의회에서 광주관광공사 사장 인사청문회가 열렸다. 제9대 의회에서 7번째로 열린 청문회였다. 김진강 사장 후보자는 관광 전문가로서 장점과 관광재단 대표의 경험 등을 중심으로 공사의 비전을 제시했다. 의원들은 관광도시 광주와 관광공사의 역할, 김대중컨벤션센터(이하 KDJ센터)의 혁신방안, 통합조직의 안정화 방안 등 다각적인 검증을 실시했다. 보은인사 논란에 아쉬운 면이 있었다. 향후 인사청문특별위원회 경과보고서를 채택하고 시장에게 송부함으로써 의회의 역할은 종료된다.

　이번 인사청문회는 협약에 의해 진행된 마지막 청문회다. 2015년부터 시행된 인사청문회는 지방자치법상 의회권한이 아니었다. 의장과 시장의 협약에 근거를 두었다. 2014년 임택의원(현 동구청장)은 시정질문과정에서 인사청문 시행을 제안했고, 윤장현시장이 흔쾌히 받아들였다. 첫 인사청문회는 KDJ센터 사장이었다. 공교롭게도 협약에 의한 마지막 청문회가 KDJ센터와 관광재단이 통합된 광주관광공사란 점은 흥미롭다.

지방의회 인사청문회가 법제화되는 과정은 그리 간단하지는 않았다. 인사권은 단체장의 고유권한으로 불가침적 성격이 강했기 때문이었다. 지방의회에서 수 년 동안 건의했고, 20대 국회에서만 7건의 지방자치법 개정안이, 21대에는 5건의 개정안이 발의됐다. 결국 국회는 지난 3월 21일 지방자치법(이형석의원 대표발의)을 개정했다. 제47조 2(인사청문회)를 신설한 것이다. 시행일은 9월 22일이다.

2022년 가을, 박희율의원이 5분 발언을 통해 인사청문 기관 확대를 주장했다. 그 후 협상단이 구성됐다. 예산 및 정원 규모, 시정의 상징성을 중심으로 줄다리기가 있었다. 그 과정 중 공공기관 통폐합이 진행됐고, 지방자치법이 개정됐다. '협상, 통폐합, 법 개정'이란 3가지 과정을 거친 결과 6월 22일 인사청문 기관을 총 12개로 확대했다. 7월 10일, 본회의에서 기관 확대를 포함한 내용을 담아 『광주광역시의회 인사청문회 조례』를 의결했다. 채은지 의원 발의로 전국 최초의 인사청문 조례다.

광주광역시의회 인사청문회는 타 시도와 비교해서 몇 가지 특성이 있다.

우선 청문대상 기관이 공사공단 4개, 출연기관 8개로 전국 광역자치단체 중 가장 많다. 의회의 요구를 수용해 준 강기정 시장의 통 큰 결단의 결과다. 의회 내의 고민도 있다. 인사청문 기관이 많아 검증의 기회가 늘어난 반면 의원들의 업무량이 늘어나 부실 우려가 있다는 지적도 있다. 선택과 집중이 필요할 것이다.

두 번째, 인사청문회 결과로 후보자가 낙마한 경우는 광주가 제일 많다. 지금까지 33회 청문회 중 6명이 중도 사퇴했다. 의회의 날카로운 평가도 있었고, 언론의 매서운 공격이 있었다. 동시에 인사권자인 역대 시장의 민주적 리더십도 있었다.

세 번째, 광주광역시의회 인사청문회는 기본조례 제41조(전문가 위촉)를 잘 활용하고 있다. 국회법에선 사문화되고 있는 조항이다. 전문가로 위촉돼 활동했던 분 중에서 5명이 공공기관의 대표로 발탁됐다. 이번 청문대상이었던 김진강 후보자도 그중 한 명이다. 인사청문 전문가가 공공기관의 대표로 가는 등용문이라고 할 수 있지 않을까?

지방의회 인사청문의 과제를 몇 가지 살펴보겠다.

첫째, 인사청문회에 대한 집행부의 태도가 가장 큰 문제다. '하지 않아도 되는 것 아니냐'는 의식이 아직도 존재하는 것 같다. 지방자치법 제3절은 '지방의회의 권한'을 규정하고 있다. 제47조(지방의회의 의결사항), 제47조의 2(인사청문회)를 정하고 있다. 이제는 인사청문회가 법적 권한의 범위 내에서 시행된다는 것을 명심해야 한다.

둘째, 청문 대상자의 준비부족 또한 큰 문제다. 청문회에선 지원동기를 비롯해 도덕성, 가치관, 공직관, 업무수행능력 등을 따진다. 수차례의 청문회를 진행하면서 청문 대상자들은 의회로부터 좋은 점수를 받지 못했다. 만약 청문 대상자와 집행부의 담당부서, 해당 기관이 팀플레이를 통해 인사청문회를 준비했다면 좀 더 성과 있는 청문회가 됐을지도 모른다.

셋째, 인사청문 결과의 구속력이다. 의회에서 후보자를 부적격 판단하더라도 시장이 임명하면 끝이다. 아무런 제약이 없다. 인사청문회가 요식행위로 끝나지 않기 위해서는 지방의회의 동의를 구하는 직위와 인사청문회 실시만으로 절차가 종료되는 직위를 각각 구분해 운영하는 방안도 검토해 봄 직하다.

네 번째, 지방자치법 개정사항이다. 광주광역시의 별정직 부시장도 인사청문대상이 돼야 한다.

마지막으로 인사청문회 과정에서의 주민 참여 방안이다. 의회홈페이지와 유튜브에 생중계되고 있지만 주민의 참여는 거의 없다, 지방의회의 인사청문회 과정에 주민이 참여할 수 있는 방안, 예를 들어 '인사청문 주민배심원제도' 도입을 검토해 볼만 하다.

2023년도 하반기에 (재)광주그린카진흥재단, (재)광주문화재단, 광주환경공단 등 3개 기관장에 관한 인사청문회가 진행될 예정이다. 이번 청문회는 개정 지방자치법 시행 후 열리는 인사청문회란 의미가 있다. 집행부에서 각 기관의 대표로 손색없는 인물을 추천해주시길 바란다. 의회에서도 철저한 자료 조사를 바탕으로 면밀한 검증을 진행해야 할 것이다.

(2023. 09. 27. 전남일보 22면)

쪽지예산의 이유 있는 항변

지방자치법상 지방의회는 매년 2회 정례회를 개최한다. 그중 제1차 정례회는 6월 1일에 열어 결산의 승인을, 제2차 정례회는 11월 1일에 열어 행정사무감사의 실시 및 예산안의 심의·의결을 진행한다. 현재 광주광역시의회는 제2차 정례회 중이다. 이번 주 29일(수)부터는 상임위별로 2024 예산안을 심의한다. 7조에 달하는 예산을 놓고 의회와 집행부 간 치열하고도 팽팽한 접전이 예상된다.

시카고 대학의 정치경제학자 데이비드 이스턴(David Easton)은 "정치는 한정된 가치의 권위적 배분"이라는 명언을 남겼다. '권위적 배분'이란 공동체 내에서 시민으로부터 위임된 권위를 바탕으로 정치적으로 자원을 배분하는 것이다. '집행부의 의사결정과정과 의회의 의결'을 통해 형성된 민주적 배분이야말로 권위를 갖는다는 것이다.

이러한 배분 과정에서 나타나는 현상이 있다. '쪽지예산'이다. 쪽지예산은 예산심의 과정에서 의원들이 예산심사를 맡은 위원들에게 지역구 사업을 예산에 편성해 달라고 쪽지로 부탁한 예산을 말한다. 2000년대 초에는 '포스트잇예산', 요즘은 '카톡예산'이라고도 한다.

쪽지예산은 매년 반복돼서 나타난다. 언론에서는 의회를 비난한다. 사업 타당성 검토 없이 선심성으로 불쑥 끼워 넣어 예산 낭비를 초래한다는 것이다. 국회의 경우, 실세 정치인들이 막강한 힘을 써서 예산의 지역적 불균형을 초래하는 경우도 있었다.

이러한 비난에도 불구하고 쪽지예산은 왜 사라지지 않는 것일까?

한국의 예산제도를 보면, 집행부는 편성권과 거부권을 갖고 의회는 심의권과 의결권을 갖는다. '편성권과 심의권'의 대결이다. 의회의 심의권에는 한계가 있다. 헌법 제57조에는 '국회는 정부의 동의 없이 정부가 제출한 지출예산 각항의 금액을 증가하거나 새 비목을 설치할 수 없다'고 정하고 있다. 지방자치법 제142조도 마찬가지다.

집행부가 제출한 예산안의 권위는 어디에서 나올까? 권위는 선출된 권력이기 때문에 발생한다. 무엇보다 중요한 것은 '조례와 법령이 정하는 예산과정'의 민주성과 투명성이다. 즉 예산이 합리적이며 민주적인 배분의 과정을 거쳐 완성된다면 예산의 완성도는 높아지고 시민의 지지를 받을 수 있다. 그러나 예산편성권자의 정치적 계산에 의해 편성된다면 스스로 권위를 상실할 수도 있다.

반면 의회나 시민은 예산편성에 있어 참여할 수 있는 과정이 거의 없다. 의회는 공식적·비공식적 의견개진을 통해 일부 편성에 참여할 수 있지만 거의 미미한 수준이다. '시민참여예산'도 아직은 걸음마 상태다.

집행부가 제출한 예산이 완벽할 수 없으므로 그것을 보완할 기제가 필요하다. 의회의 예산심사과정에서 보완할 수 있다. 쪽지예산도 그 과정의 일부로 볼 수 있지 않을까?

미국의 예를 살펴보자. 연방의회에서 쪽지예산은 오랜 관행이다. 세출예산 중 재량지출의 1% 안팎에서 이어마크지출(earmark spending)이나 포크-배럴 세출(pork-barrel spending)을 세출법안에 추가해 예산수정안을 제출한다. 이러한 관행을 지지하는 의원들의 주장이다. ① 세출법안 통과와 개별 프로젝트를 신속하게 처리할 수 있다. ② 주(State)를 위해 노력하는 것은 의원의 일이다. ③ 행정부로 귀결되는 엄청난 권력을 견제할 수 있다. ④ 의회와 백악관 균형이 중요하다. 이 주장의 맥락에는 예산에 대한 결정권을 공무원들에게만 맡길 수 없다는 정치적 메시지를 담고 있다. 미국의회의 쪽지예산이 전적으로 옳다는 것은 아니다. 그렇지만 예산심사 시 세출예산의 탄력적 운영에는 관심이 간다.

2024 광주광역시 예산심의 과정에서 세출예산 증액에 관한 탄력적 운영을 제안한다. 너그럽게 보면 쪽지예산도 그 일익을 담당할 수 있다. 의회에서도 쪽지예산을 의원의 전유물로 생각해서는 안 된다. 예산심사과정에서 사업예산의 필요성을 강조하고 집행부의 동의를 이끌어 내야 한다. 예산서는 숫자로 표시된 정책보고서이며, 1년의 정치과정을 미리 설명하는 해설서이다. 2024 광주광역시 예산서에 보다 많은 의견과 좀 더 합리적인 배분이 망라되길 바란다.

(2023. 11. 29. 전남일보 18면)

1980년 5월 기억하기

난 1965년생이다. 1980년 당시 중학교 3학년이었다. 부모님께서 운영하는 가게는 양동복개상가에 있었고 집은 누문동이었다. 어릴 적부터 나의 놀이터는 양동시장과 광주천, 충장로, 금남로였다.

#1. 5월 16일(금)

이유는 기억나지 않는다. 도청 앞 분수대에서 열리는 민족민주화 성회를 봤다. 누군지 모르지만 카랑카랑한 목소리의 연설 "계엄령이 확대되거나 … 하면 학교 정문에서 모입시다" 故 박관현 열사의 연설이었다. 집회가 끝나고 대학생 형들을 따라갔다. 집으로 가는 방향과 같았다. 그들은 횃불을 들고 천변도로를 거쳐 유동방향으로 진행했다. 대학생 형들과 방패 든 방석복 경찰들은 나란히 걸어갔다. 평화로웠다.

#2. 5월 18일(일)

 겁나게 더운 날이다. 금남로 4가 친구 집에서 놀다가 밖에서 뭔일이 났다는 소리를 들었다. 지금으로 따지면 삼성생명 4거리다. 군인들이 몽둥이로 사람들을 때리고, 등에 메고 있던 분무기 같은 걸로 얼굴에 최루가스를 뿌리면서 잡아가기도 했다. 군인들이 트럭 위에서 사람들의 뒷머리를 잡아채면 사람들은 인형처럼 끌려 올려졌다. 소름 돋는 광경이었다. 거기에서 집까지는 500미터도 되지 않았다. 겁에 질려 집으로 가는 도중이었다. 광주일고 정문에서 군인들이 대학생들을 집단구타하고 있었다. 그날 광주일고 운동장에서는 조선대학교 의과대학 체육대회가 있었다고 한다. 너무 놀라 몸이 움직이질 않았다. 어떤 군인이 자전거 앞바퀴를 걷어찼고, 어떤 군인은 얼른 집에 가라고 했다. 집에 왔더니 할머니께서는 위험하니 집 밖에 나가지 말라고 하셨다.

#3. 5월 19일(월)

여기저기 총 든 군인들을 볼 수 있었다. 그들을 피해 가면서 등교했다. 어수선한 교실, 담임 선생님께서는 "오늘부터 휴교다. 다른데 가면 안 된다. 바로 집으로 가라"고 했다. 선생님께 따로 여쭸다. "오늘 문화방송 '바르고 빠른 지혜자랑'에 출연하기로 했습니다. 어떻게 해야 합니까?" "방송국 녹화는 일정대로 한단다. 우리반 애들이랑 같이 가봐라"

우리는 월산동 무진중학교에서 광주공원, 충장파출소, 금남로를 거쳐 광주문화방송을 향하고 있었다. 군인들의 검문도 있었지만 교복 입은 중3들이라서 그랬을까 별다른 제지도 없었고 무섭다는 생각조차 들지 않았다. 방송국 앞, 총 든 군인들이 있었다. "오늘 방송 출연하러 왔어요" "오늘 방송 없다. 집으로 가라" 인생 첫 방송 출연은 무산됐다. 그러나 이때부터 겁이 나기 시작했다. 어제의 장면들이 스쳤다. 주변이 시끄러워지고 어디선가 사람들이 끌려오기 시작했다. 겁에 질린 우리들은 군인들 사이에 끼어 있었다. 어쩌다 보니 중앙초등학교 육교 위에 있게 됐다. 끌려온 사람들은 장동로타리에서 전남여고 후문 앞 도로에서 큰 원형 대형을 이루었고, 무릎을 꿇거나, 원산폭격자세로 매를 맞고 있었다. 군용트럭이 나타나 사람들을 싣고 어디론가 떠났다. 옆을 봤다. 어떤 아주머니 한 분이 내 손을 잡고 "집에 가야지" 하셨고 같이 육교를 내려왔다. 중앙초에서 집까지는 1㎞ 남짓. 극한의 공포상황이었을까? 어떻게 집에 왔는지 아직도 생각나지 않는다.

밤늦게부터 총소리가 들렸다. 총소리와 함께 밤하늘엔 빨간 포물선이 그려졌다. 아마 공포탄이었을 것이다.

#4. 5월 20일(화)

아버지 모르게 집을 빠져나왔다. 방앗간 앞 총 든 군인이 없다. 어디로 갔을까? 동네 친구들 3명이 같이 다녔다. 금남로에 갔다. 어제와는 달랐다.

오후엔 버스나 트럭에 사람들이 타고 다니며 노래를 부르곤 했다. 우리도 태워달라고 했다. "너희 몇 학년이냐?" "중 3인데요" "안 돼" 다음부터는 "고1"이라고 했다. 태워주었다. 트럭 뒤에 타고 갈 때 "어느 고등학교냐" "광주일곤데요" "담임 선생님 이름은" 머뭇거리자 그 형은 코카콜라 한 병과 보름달 빵을 주면서 내리라고 했다. 우리는 트럭에서 내려야 했다. 당시 초등학생이었던 막냇동생은 5.18, 하면 큰형이 갖다 준 콜라와 빵을 기억하고 있다.

  오후 늦게부터 총소리가 나기 시작했다. 나도 모르게 총소리 방향으로 갔다. 광주고속버스터미널 주변까지 가다가 돌아왔다. 유동사거리에서 광주역으로 가는 거리는 최루탄이 점령한 길이었다. 5월 18일 금남로에서 맡아봤던 최루탄과는 차원이 달랐다. 거의 기어서 집으로 돌아왔다. 골목 어귀에 할머니의 모습이다. 손자가 살아 돌아온 것에 안도하시던 모습으로 기억난다.

#5. 5월 21일(수)

  그날도 너무 더웠다. 점심 때 즈음 친구들과 금남로로 갔다. 도청 쪽에는 사람들이 많았던 것 같았다. 뭔가 복잡하고 혼란스러웠던 기억이다. 철없던 우리들은 "트럭 타면 또 콜라 얻을 수 있을까?" 하며 구경하고 있었다. 중앙교회 앞에서 테니스공으로 공놀이를 하고 있었다. 갑자기 총소리가 나기 시작했다. 수많은 사람이 뛰었고 나도 뛰었다. 집단발포였다. 총소리는 몇 차례 계속됐던 것 같다. 우리는 금남로 4가 붉은 벽돌 창고 사이에서 벌벌 떨고 있었다.

  얼마나 지났을까? 조용해졌다. 금남로가 궁금했다. 그러나 그날은 거기까지다.

#6. 5월 24일(토)

　도청 앞에 갔다. 분수대 위에서 대학생 형 누나들이 뭔가 말하고 있다. "살인마 전두환, 김대중을 석방하라, 민주시민 궐기하라" 상무관에 사람들이 줄을 서 있었다. 상무관은 나에게 익숙한 공간이다. 합기도 관장님이 가끔 데리고 갔던 곳이기 때문이다. 너무도 놀란 광경이었다. 수많은 관이 상무관을 채우고 있었다. 내가 아는 상무관이 아니었다. 사람이 죽으면 얼굴이 검게 변하는 것도 처음 알았다. 부패를 막기 위해 뿌려 놓은 화학약품 냄새, 시체 냄새도 영원히 잊을 수 없다.

금남로 여기저기 대자보가 있었다. 읽기는 했지만 내용에 대한 기억은 없다. 그러나 명확한 기억이 있다. YMCA 옆에는 일본가옥, 선교사 집이라는 소문도 있었다. 그 앞 인도 걸려있던 현수막에 대한 기억은 아직도 생생하다 "북괴는 오판말라."

#7. 5월 27일(화)

이것은 착각일 수도 있다. "시민 여러분 지금 계엄군이 쳐들어 오고 있습니다." 어떤 여성의 목소리를 들었던 것 같다. 차량으로 방송했다면 들었던 것이 맞다. 도청에서만 방송했다면 들을 수 없었을 것이다.

#8. 날짜 미상

학교에 갔다. 우리 반 친구 한 명이 총을 맞았다. 선생님과 그 친구 집에 병문안을 갔다. 어디선가 날아 온 총알이 발등에서 발바닥으로 관통했다고 했다. 우리 학교에서는 죽은 친구는 없었지만 다른 학교에는 있다는 소문이 소리 없이 퍼지고 있었다.

부잡한 친구들도 많았다. 다이너마이트를 가져온 친구도 있었다. 다이너마이트 안에 심지는 주황색 밧줄이었고 파라핀이 발라져 있었다. M1 탄창째 가지고 온 친구도 있고 몇 발씩 가져온 친구도 있었다. 심지어 다이너마이트 하나에 총알 10개씩 바꾸는 일도 있었다. 선생님을 어떻게 알았을까? 갑작스러운 가방검사도 있었다. 언젠가는 광주천으로 노력 봉사를 간 적이 있다. 5.18 때 없어진 총을 찾는다는 것, 우리는 수풀을 헤치면서 총을 찾아다녔다. 한 자루도 찾지 못했다.

#9. 1981년 5월 어느 날

고등학교 연합써클인 홍사단 아카데미 활동을 했다. 가끔 대학생 형들을 만나기도 했다. 한상석(80년 당시 전남대 복학생 협의회 회장), 위경종(80년 당시 전남대 사범대 학생회장). 위대한 형님들을 알게 됐다.

5.18 1주기를 맞아 인성고 벽서사건으로 김용만 형이 구속됐다. 전남고에서는 시위가 있었고 양균화, 강병우 형이 구속됐다. 잘 모

르는 형들이지만 서클 선배가, 그것도 고3 형들이 구속됐다니 충격이었다.

　유동 아세아 극장 흥사단 단소는 뒤숭숭했다, 안기부 직원들이 밖에서 감시하니 출입할 때 조심하라는 이야기도 있었다. 뭐가 뭔지도 모르면서 덩달아 분노하기도 했다.

#10. 1982년 10월 중순

　고2 가을 82년 10월 중순 쯤, 어떤 선배가 남동성당에 가보라고 했다. 故 박관현 열사의 장례 미사가 열리고 있었다. 2년 전 그 목소리 주인공의 장례식이었다. 그 대학생 형이 옥사(獄死)했다는 것이다. 머리가 하얗게 된다는 느낌을 나는 안다. 잊고 있었던 나의 5.18은 재부팅되고 있었다.

　1980년 5월 광주 시민은 누구나 죽음의 현장에 있었다. 5.18은 많은 이들의 인생에 영향을 주었다. 군인이나 경찰이 되려고 했던 나의 대학생활은 5월운동의 연속이었다. 지금껏 '살아있는 자의 의무를 안고 살고 있다. 5.18민중항쟁 45주년이다. "5월 광주는 계속되고 있다"